24式太极拳

教与学

李德印　编著

北京体育大学出版社

策划编辑：佟　晖
责任编辑：佟　晖
责任校对：未　茗
版式设计：博文宏图

图书在版编目（CIP）数据

24式太极拳：教与学/李德印编著. -北京：北京体育大学出版社，1997.4（2026.1重印）
ISBN 978-7-81051-180-3

I. 2…　II. 李…　III. 简化太极拳　IV. G852.11

中国版本图书馆CIP数据核字(97)第01854号

24式太极拳——教与学
24SHI TAIJIQUAN — JIAO YU XUE
李德印编著

出版发行：北京体育大学出版社
地　　址：北京市海淀区农大南路1号院2号楼2层办公B-212
邮　　编：100084
网　　址：http：//cbs.bsu.edu.cn
发 行 部：010-62989320
邮 购 部：北京体育大学出版社读者服务部 010-62989432
印　　刷：北京昌联印刷有限公司
开　　本：710mm×1000mm　1/16
成品尺寸：170mm×228mm
印　　张：7.5
字　　数：125千字
版　　次：1997年4月第1版　2010年1月第2版
印　　次：2026年1月第27次印刷
定　　价：25.00元

目 录

1 一、太极拳基本知识

16 二、24式太极拳概述

30 三、如何练好24式太极拳

37 四、24式太极拳图解说明和教学要点

100 五、24式太极拳教学原则与方法

一 太极拳基本知识

（一）太极拳的起源和发展

关于太极拳的起源，历来说法不一，其中不乏带有神秘色彩的传说。

一种说法是太极拳起源于宋代武当山道士张三丰，他在皇帝召见途中受强盗拦阻，夜梦武当山神授以拳法，杀退百余贼人，此后创编了太极拳。

另一说法认为张三丰为元末明初人，在武当山修道炼丹过程中，观察蛇雀之争，探索龟鹤长寿之秘，由此创编了太极拳。武当山是中国道教名山，张三丰为辽东人，在武当山修道善剑，甘肃、云南等地也有他的足迹和美传。然而，据现有史料查证不出他与太极拳的关系，因此张三丰创拳之说尽管流传广泛，但史料不足，也便成为武术史界的悬案。

还有人认为太极拳传于唐代许宣平或明初陈卜。此说虽有宋氏手抄拳谱与陈氏家谱记载，然而找不到其他佐证，也难以确立。

根据现代史实，明末清初太极拳已经在河南农村流传开展，尤以温县陈家沟和赵堡镇为中心，代表人物是陈王廷和蒋发。武术史家唐豪先生根据陈氏家谱、拳谱以及陈王廷遗诗考证，判断陈王廷就是太极拳的创造者。而赵堡镇太极拳资料记述，蒋发22岁赴山西省学习太极拳，7年后回乡授徒传艺，从此使太极拳在河南发扬光大。

综上所述，有关太极拳的起源还有待进一步研究考订，但是根据现有资料可以判定：

1. 河南温县陈家沟和赵堡镇是目前已知的最早流传太极拳的地方，陈王廷和蒋发是当时最有影响的太极拳名师。

2. 蒋发生于明万历二年（1574年），1603年从山西学艺返回原籍河南温县授徒。陈王廷为明末庠生，1621年任温县乡兵守备。由此判定，太极拳的产生至少已有近400年的历史。

3. 太极拳是在不断的吸收、创造中形成的。无论是陈王廷编拳还是蒋发学艺引进，都是在前人的基础上，融会了多人智慧，经历了逐步发展的过程。从陈氏拳谱可以看出，太极拳很多式名、歌诀与明代战将戚继光所编“卅二式长拳”相同。而戚氏长拳的创编吸收了16家民间拳法精髓。

4. 太极拳的创编还吸取了古典阴阳哲理、中医经络理论以及道家养生理论。其原名十三势，含有“八卦”、“五行”之意。陈王廷遗诗中谈到“黄庭一卷随身伴”，《黄庭经》是道家养生炼气的经典之一。太极拳的练习要领多处与中国古代“导引”、“吐纳”等养生技法相一致。

长期以来，太极拳的开展局限于河南农村。19世纪初，河北永年人杨露禅拜陈家沟陈长兴为师，学习了太极拳，将拳法带回原籍，不久又到北京推广，从此才开辟了太极拳走向全面发展的新局面。

近一百多年来，太极拳得到了空前的发展，技术不断演变，内容不断丰富，逐渐形成了很多流派。主要有：

杨式太极拳：为杨露禅首创，经祖孙三代至杨澄甫定型。拳势中正舒展，动作均匀柔和，架势幅度大，走弧形。目前流传最为普遍。

陈式太极拳：为各派中传播历史最悠久的太极拳。保留有古老的发力、跳跃、震脚动作，运动量较大，速度快慢相间，动作多作螺旋缠绕，有刚有柔。

吴式太极拳：为杨式传人吴全佑及其子吴鉴泉创编。特点是细腻柔和，斜中寓正，动作呈弧形，幅度适中。

武式太极拳：为武禹襄在赵堡太极拳的基础上发展创编。该拳简洁紧凑，立身中正，朴实隽秀，如干枝老梅。动作柔缓，幅度较小。

孙式太极拳：民国初年，为形意拳、八卦掌名师孙禄堂在武式太极拳基础上创编。动作小巧，步法灵活，进退相随，动作之间常以开合手连接，又称活步开合太极拳。

新中国成立以后，太极拳作为武术重点项目，得到了更大的普及开展。全国城乡到处有太极拳的爱好者和辅导站，出版的书籍、挂图、音像制品等种类繁多，有关科研及理论探讨不断深入。太极拳不仅列入了国家正式体育竞赛项目，每年都有全国和地区的太极拳竞赛活动，而且广泛流传至五大洲，吸引了大批外国朋友，仅日本就有上百万人参加太极拳锻炼。

为了适应形势需要，国家体育主管部门和中国武术协会对太极拳做了系统整理研究，编写了一系列统一教材，主要有简化太极拳、四十八式太极拳和各式太极拳竞赛套路，不仅丰富了太极拳内容，还使得太极拳在发扬传统，百花齐放的基础上，走上了规范化、系统化的现代体育道路，为太极拳的普及和竞赛活动创造了有利条件。

（二）太极拳的名称

“太极”一词最早出现于三千年前的古书《周易》。这部书内容分“经”和“传”两部分：“经”的部分主要是占卜、说卦，以八卦符号组成六十四卦，每卦包括卦形、卦名、卦辞，用以判断吉凶祸福。相传为周文王之作。“传”是对“经”的解释说明，包括多篇文章，作者并非一人。他们在解说中释述了自己的哲学观点，表达了以阴阳学说为基础的世界观。“太极”一词出自“传”部分的《系辞上》篇。其中写道：“易有太极，是生两仪，两仪生四象，四象生八卦，八卦定吉凶，吉凶生大业。”这里“太极”是指变化的源头，派生万物的原体，最高的存在范畴。中国历代学者，纷纷以太极阴阳学说解释世界，表达哲学观点。如有人提出“天地未分之前，元气混而为一，即是太初、太一”（唐·孔颖达）。太极是天地形成前的“浑沌清虚之气”（明·王廷相）。“太极动而生阳，动极而静。静而生阴，静极复动。一动一静，互为其根，分阴分阳，两仪立焉。阳变阴合而生水、火、木、金、土，五气顺布，四时行焉。五行一阴阳也，阴阳一太极也”（宋·周敦颐）。还有人认为“总天下万物之理便是太极”（宋·朱熹）。“心为太极”“道为太极”（宋·邵雍）等等。

太极阴阳学说在中国古代哲学中占有重要地位，构成了中国古代哲学的理论基础。但是以“太极”命名一种拳术，却是近代的事。

最初的太极拳有很多名称，有的叫“十三势”（指主要的八法五步），有的叫“长拳”（指套路很长，连续不断），还有“软拳”“柔拳”“沾绵拳”等名称。直到民国初年发现了清代民间武术家王宗岳写的《太极拳论》一文，太极拳的名称才正式确定下来。王宗岳以太极阴阳学说命名太极拳，主要表明这种拳法理通天地，天人合一；也表示太极拳充满变化，虚实莫测，刚柔相济，无比奇妙。

（三）太极拳与武术、气功的关系

太极拳是一项以松柔绵缓为特色的武术运动，也是一种老弱皆宜，适应广泛，对多种慢性疾病有着显著疗效的健身康复体育活动。

武术是我国宝贵的民族文化遗产，是以攻防技法为主要内容，以套路演练、格斗竞技和功法训练为运动形式，以健身、防身、修身为目的，形神兼备、内外兼修的民族传统体育运动。

我们祖先在与野兽搏斗、与人搏斗的实践中创造了原始武术。随着社会的发展，武术由生产手段、战争手段逐渐演变为健身强体、陶冶精神的体育手段和教育内容，同时增加了艺术性和娱乐性。尽管如此，它保留和表现的攻防内容和搏斗形式，成了区别于体操、舞蹈、气功等文娱体育活动的鲜明的运动特点。

武术源远流长，内容十分丰富。据20世纪80年代全国武术挖掘整理普查统计，我国现有源流明晰、理法系统、风格独特的拳种达129种，太极拳是其中主要拳种之一。它以松静柔缓，绵绵不断的特色，在武术运动中独树一帜。

不少人迷惑不解，难以把太极拳与我国勇猛顽强的武术搏斗相联系。实际上，一切搏斗都不外乎攻与防、进与退、刚与柔、虚与实、动与静等手段的运用和制约。审时度势，合理运用战术技术，就可以战胜对手，甚至以弱胜强，反败为胜。比如武术中有的拳术强调快攻直取，所谓“起如风，落如箭，打倒还嫌慢”；有的拳术则主张运动迂回，所谓“引进落空”“避正取斜”。有的拳术主张力攻，“不招不架，就是一下”；有的拳术主张巧取，“四两拨千斤”；有的拳术善于用手，“双拳密如雨，脆快一挂鞭”；有的擅长使腿，“手是两扇门，全凭腿打人”。有的主张“放长击远”；有的强调“短打紧逼”。有的主张“宁在一思进，莫在一思存”；有的主张“彼不动，我不动”“没发先至”。这一切构成了中国武术的千变万化，表现了不同拳法的特色，在技术、战术运用上各有千秋。

太极拳的技、战术运用，要求听、化、拿、发四步功夫：

听——是以静待动，后发制人。首先要准确判断对方进攻来势，摸清对方意图，以便采取对策。

化——是舍己从人，不以硬力相抗，运用灵活巧妙的运动和旋转，诱敌落空，瓦解对方攻势。

拿——是避实就虚，取得主动，造成我顺人背态势。

发——是乘虚而发，借力使力，全力出击，取得最大效果。

由此可见，太极拳讲究以静待动，后发先至，走化旋转，以柔克刚的武术功夫。它十分强调静、松、柔、活、稳的基本训练，因此也就很自然地发展成松静、圆活、柔缓、沉稳为特点的武术运动。

根据太极拳的特点，有人认为太极拳属于气功范畴，而且是高级气功养生活动，这种说法有一定道理。在历史发展长河中，中国古典哲学的天人合一整体观，阴阳对立的变化观，动静结合、内外兼修的养生观，对太极拳和气功都有深刻影响。从“心静体松”“中正安舒”“气沉丹田”“意念引导”“动中寓静”等要领，也说明二者都力求内外平衡，重视调心、调气，调动人体潜能。无论理论上、技法上，太极拳与气功都存在相互吸收、相互影响，有十分相通和吻合之处。

但是，不能因此无视二者的区别。由于太极拳与气功分属不同范畴，在功法起源、内容、练功方式和要领上都有各自的特色，因此不能把二者混为一谈。

首先，太极拳源于武术，其动作表现了明确的攻防含义，无论手法、腿法都有规定的力点和招术。太极拳使用的器械更具有明显的攻防特点，其对抗形式的“推手”更是以胜负为目的的体育竞技。而气功的动作则不具有攻防含义和体育竞技的属性。

其次，太极拳尽管动作柔缓，但却是以动为主，动中寓静，对身体的力量、平衡、协调、柔韧等素质，具有较高要求。而气功则是以静为主，静中寓动，对身体素质要求不高，因而更易于为体弱、康复患者掌握。

第三，太极拳的意念及呼吸，要密切配合动作。因而意、气、力三者是围绕动作来统一的。比如同样是向前伸手，却有向前推放和向前接手的不同目的，因而意念的虚实和呼吸的配合也要求不同，甚至相反。而气功的用意常常是意守某一穴位或循某一经络，呼吸原则为通畅自然，细匀深长，动作要围绕和保证意、气的需要，以内为主，不会轻易改变。

（四）《太极拳论》与《十三势歌》

19世纪50年代，在中国河南省舞阳县发现了一本重要的太极拳文集——《太极拳谱》，原著者王宗岳生卒年月及事迹没有记载。据学者考证，王宗岳与《阴符枪谱》的作者山右王先生是一个人，原籍为山西省，清乾隆五十六~六十年

(公元1791年—1795年) 旅居河南教书为生。他自幼精通文、史、哲和道家、兵家书籍，并有很高的武术功夫，尤其精于枪法。《太极拳谱》经武式太极拳创始人武禹襄之手流传下来，成为太极拳经典理论中评价最高的论著，在国内外太极拳爱好者中广为传诵，对近百年来太极拳的理论和实践发展有着深刻影响。

《太极拳谱》的内容包括《太极拳论》《太极拳译名》两篇文章和《十三势歌》《打手歌》两篇古代民歌体的歌诀。现把其中两篇介绍如下，以帮助太极拳学习者加深对太极拳的认识和理解。

1. 太极拳论

【原 文】

太极者，无极而生，阴阳之母也。动之则分，静之则合。无过不及，随曲就伸。人刚我柔谓之“走”，我顺人背谓之“黏”。动急则急应，动缓则缓随。虽变化万端，而理唯一贯。由着熟而渐语懂劲，由懂劲而阶及神明。然非用力之久，不能豁然贯通焉！

虚领顶劲，气沉丹田。不偏不倚，忽隐忽现。左重则左虚，右重则右杳；仰之则弥高，俯之则弥深；进之则愈长，退之则愈促。一羽不能加，蝇虫不能落；人不知我，我独知人。英雄所向无敌，盖皆由此而及也。

斯技旁门甚多，虽势有区别，概不外乎壮欺弱，慢让快耳！有力打无力，手慢让手快，是皆先天自然之能，非关学力而有为也。察“四两拨千斤”之句，显非力胜；观耄耋能御众之形，快何能为？

立如平准，活似车轮。偏沉则随，双重则滞。每见数年纯功不能运化者，率皆自为人制，双重之病未悟耳！

欲避此病，须知阴阳。黏即是走，走即是黏。阴不离阳，阳不离阴，阴阳相济，方为懂劲。懂劲后愈练愈精，默识揣摩，渐至从心所欲。

本是“舍己从人”，多误“舍近求远”！所谓“差之毫厘，谬之千里"，学者不可不详辨焉！是为论。

【注 释】

(1) 无极——源出《老子》"复归于无极"，指宇宙最原始的无形无象的本体状态。"无极"二字在儒家著作和《易》中皆未出现。宋朝周敦颐《太极图说》"无极而太极"反映了中国道家的"万物生于有，有生于无"的思想。

(2) 阴阳之母——指太极是产生阴阳的母体。源出宋朝周敦颐《太极图说》。

(3) 无过不及——"过"指过分，"不及"指不足，无过不及意思是不要过分和不足。

(4) 随曲就伸——"曲伸"指弯曲和伸展。"随"与"就"同意，指适应、顺从对方。

(5) 我顺人背——"顺"指顺势、主动状态，"背"指被动、受制状态。

(6) 着熟——技法熟练。"着"指攻防的方法，也叫招法。

(7) 懂劲——武术的术语。指明白了劲力变化规律和力学原理，掌握了运动技巧。

(8) 阶及神明——登上自由王国的台阶，象神仙一样随心随欲。

(9) 用力——指用功。

(10) 豁然——源出陶潜《桃花源记》"豁然开朗"，指由狭隘、幽暗，忽然变为开阔、光亮。

(11) 虚领——"领"指脖颈，"虚"指轻微、自然状态。

(12) 丹田——原意为道家炼丹的地方。针灸学称人体脐下气海穴为丹田，武术指人体脐下小腹部为丹田。

(13) 不偏不倚——"偏"与"倚"皆指偏于一边，失去中正。

(14) 杳——见不到踪影。

(15) 弥——更加。

(16) 盖——古文中意为追根推源。

(17) 耄耋——古书中指80~90岁的老人。

(18) 平准——汉代设立的掌管物价的官职，地方向中央交纳贡物时由平准官权衡折价。这里形容处理事物中正不偏，公正准确。也有人认为文中平准是指像天平一样中正准确。

(19) 运化——运转、走化。

(20) 率——概，都。

(21) 默识——暗记不忘。

(22) 揣摩——反复思考追求。

(23) 差之毫厘——“差”指差错、失误。源出《汉书·东方朔传》“失之毫厘，差之千里。”

【意 释】

太极是由无极生成，又孕育阴阳变化。运动时阴阳分开，静止时阴阳合成一体。动作不可过分和不足，要随对方变化而伸展。对方刚猛打来，我以柔化应接，这叫作“走”；我变成顺势，占据主动，使对方陷于被动、劣势，这叫作“粘”。对方快，我反应也快；对方慢，我随之也慢。虽然变化千千万万，然而道理却始终如一。由招法熟练逐渐明白劲力的变化规律，再由明白规律进而达到运用自如。如果不是长期用功锻炼，绝不能一下子领悟精通。

头要自然向上顶起，气要向下沉落于小腹。身体不可俯仰歪斜，动作要忽隐忽现，变化莫测。对方攻我左侧，我左侧变虚；攻我右侧，我把右侧隐蔽。对方向上仰攻，我升得更高，使其摸不到；对方向下攻击，我变得更低，使其感到深不可测。对方进，我就退，使其长不可及。对方退，我就乘势进逼，使对方感到更急促的压力。力量要判断准确，一根羽毛的重量也要分辨出来；感觉要十分灵敏，蚊虫落到身上也要有反应。要做到人不能知我，唯独我却知己知彼，对其了如指掌，英雄所以无敌于天下，都是由这个缘故而取得的。拳法流派很多，其架势虽有不同，但都不外是以强欺弱，以快制慢罢了！有力打败无力，手慢输给手快，是人的先天自然能力，绝不是练功后取得的本事和作为。仔细分析一下，太极拳歌诀中“四两拨千斤”的一句，显然看不出是大力取胜；再看看七八十岁的老人抵抗一群人的情景，单纯靠快速怎能办得到呢！

身型、身法要像平准一样中正，转动要像车轮一样灵活。对方用力进攻，我要放松，将力偏向另一侧，就会随对方来势而屈伸变化。反之我也用力相抗就形成“双重”，造成双方顶牛的局面，自然停滞不前。常常看到下了多年苦功仍然不能柔化运转的人，一概都是自己造成受制于人的局面，这就是没有领悟到“双重”毛病及其危害的缘故！

要避免这种毛病，必须明白阴阳对立统一的辩证关系。要取得主动就必须走化，以退为进，只有走化运转才能变被动为主动，控制对方，以柔克刚。走和粘密不可分，正如阴离不开阳，阳离不开阴，阴阳相辅相成，互相补充依托，才算懂得了拳法的规律。明白了规律以后才能越练越精，通过牢记和反复思考实践，就会逐渐达到得心应手，随心所欲的地步。

本来这种战术的原则是“舍己从人”随机应变，依客观而变化，然而许多人却错误地理解为抛开对方“舍近求远”，真如人们所说的“离开真理毫厘，就会谬误千里之远”。学拳的人不可不仔细分辨啊！为此我做了以上的论述。

【分 析】

此文言简意深，说明了以下问题：

(1) 太极拳的名称来自古代太极阴阳学说，反映了朴素的辩证思想。作者王宗岳更多地受到宋代理学家周敦颐的影响，具有儒道合一的观点。

(2) 太极拳属于武术，其拳理密切表现了技击攻防的规律。尽管近年来太极拳运动向柔缓方向发展，发挥了更大的健身、养生作用，但其动作仍包含了攻防含义，表现了技击性。它与古代的导引、气功有着不同的渊源和发展道路，属于不同的范畴。

(3) 太极拳的技击原则是“以柔克刚”“舍己从人”。技术上反对盲动和对抗，强调走化旋转，随曲就伸；正中不偏，气沉丹田，人不知我，我独知人，这些导致形成了太极拳心静体松、中正柔和、连贯圆活的运动特点。

(4) 文中提到的“四两拨千斤”“动急则急应，动缓则缓随”等技巧不仅表现了太极拳的“以小胜大”“以静待动”的特点，也是所有对抗性竞技体育乃至军事上的攻防战术的重要组成部分。然而文章认为以大胜小，以快制慢为先天自然之能，贬低甚至将其排除于攻防技术、战术之外，则是狭隘错误的论断。

2. 十三势歌

【原 文】

十三总势莫轻视，命意源头在腰隙。

变换虚实须留意，气遍身躯不少滞。

静中触动动犹静，因敌变化示神奇。

势势存心揆用意，得来不觉费功夫。

刻刻留心在腰间，腹内松静气腾然。
尾闾中正神贯顶，满身轻利顶头悬。
仔细留心向推求，屈伸开合听自由。
入门引路须口授，功夫无息法自修。
若言体用何为准？意气君来骨肉臣。
详推用意终何在？益寿延年不老春。
歌兮歌兮百四十，字字真切意无遗。
若不向此推求去，枉费功夫贻叹息。

【注 释】

(1) 十三总势——指太极的八种基本手法和五种基本步法，即：掤、捋、挤、按、采、挒、肘、靠和进步、退步、左顾、右盼、中定，俗称八法五步，总称十三势。这也是太极拳的别名“十三势”的由来。《十三势歌》即《太极拳歌》。

(2) 命意——“命”指生命，“意”指意识。两者合在一起泛指人的精神和肉体。

(3) 腰隙——腰椎骨的缝隙，这里意指“命门穴”。中医认为“命门为元气之根”，是“五脏六腑之本，十二经脉之根”，属生命之门的重要穴位。

(4) 气——分外气和内气。外气指肺部呼吸之气，内气指运行于人体经络之气，中医称之为“元气”“中气”。究竟内气的实质是什么，有人说是生物电或生命能量，有人说是一种功能或载体，有待进一步探索。

(5) 揆——度量，揣度。

(6) 腰间——指腰椎骨或脊骨。由于它具有连结上下肢和支撑躯干的作用，武术家对此十分重视，拳谚称“腰为干，肢为枝”，太极拳家称“腰脊为第一主宰”“腰为车轴”。

(7) 尾闾——又称尾骶，包括骶椎和尾椎。

(8) 推求——推本求原。

(9) 屈伸开合听自由——“屈伸”和“开合”皆为拳法动作术语，这里代表拳法。“听”意为顺从、服从，如听命令；“自由”意为运用自由，得心应手。

(10) 体用——中国哲学术语。指事物的本体及运用。
(11) 真切——“真”为真实，“切”为准确。
(12) 贻叹息——“贻”与“遗”通用，“贻叹息”指遗憾，惋惜。

【意 释】

太极拳的八法五步，十三个基本势法不可轻视，生命的源泉，在腰椎的命门穴，这是元气的根本。

要特别注意拳法的虚实变化，要保持内气在全身通畅流转。

身体保持松静，以静待动，对方稍有触发就要反应；动作中仍要冷静沉着，准确应变。要根据对手情况，不断变化招法，表现出拳法神妙。

每招每势都要细心度察，精确把握，要获得高超的拳艺需要花费很大的功夫。

要特别留心自己的腰脊，做到以腰为轴，身手协调，小腹丹田要保持松静，使气息鼓荡充盈，气力合一。

尾闾保持中正，身型不偏不倚，神气直贯头顶百会穴。头顶象悬在空中一样向上竖直，焕发精神，使全身充满轻灵活力。

仔细地用心地按照以上要求探索，将会使拳法动作的屈伸开合顺乎自然，随心所欲，运转自如。

初学入门需要老师口传身授引路指导，但是入门以后却要靠自己修炼、深造。艺无止境，路无尽头，需要坚持不懈地下苦功锻炼、追求。

若问体用怎样划分？当然意气为体，骨肉为用。要以意识精神引导动作，以内气运转身体。仔细推敲太极拳的目的、意义到底为什么？最终还是为了增进健康，益寿延年，使生命永葆青春。

歌呀，歌呀，140字，每个字都是情真意切，把全部道理讲给大家。如果不遵循这些道理去实践追求，只会是白费功夫，浪费精力，到头来只能遗憾惋惜。

【分 析】

《十三势歌》又称《十三势行功歌》，即太极拳练功之歌，由于它是用接近白话体的文字写成的歌诀，人们推断它可能是王宗岳收集民间拳谚或佚名氏的作品整理而成。

《十三势歌》虽然只有短短140字，但其内容涉及十分广泛。

(1) 首先它指明了太极拳意、气内导与肢体外动的主从关系。强调了意气为主体，骨肉为用，以气运身，意领身随，内外二者是统一的，又是主次分明的。武禹襄形象地将其比喻为：心为令，气为旗，神为主帅，身为驱使。歌诀指明既要重视姿势动作要领，更要重视命意源头，气遍身躯；既要满身轻利，周身协调，又要神贯于顶，气势充盈。总之，通篇引导人们认识太极拳是内外兼修，以内为主的内功拳。绝不能停留在只重形体外表上面。

(2) 《十三势歌》对太极拳的套路演练和攻防对抗两方面都做了论述。关于对抗，谈到了因敌变化，随机应变的战术原则，又谈到动中寓静的技术要领。

关于走架套路，谈到了立身中正、头顶悬等身法要点，又谈到周身轻灵，开合自由，腰脊为轴，气沉丹田等协调性、完整性要领。这对太极拳技术水平的提高有重要指导意义。

(3) 《十三势歌》指出了练功必须“仔细留心向推求”，还告诉人们“师傅领进门，修炼在个人”的道理。指出只有坚持不懈地长期锻炼追求，才能取得成功，满足于一知半解，单纯依赖老师，缺乏悟性和创造性的人，永远不会达到自由高峰。这对学习太极拳的人们是真情的忠告。

(4) 《十三势歌》明确指出了太极拳的根本目的是为了促进人们健康长寿，青春长在。武术从产生之初就具有健身和格斗双重作用。随着军事技术的发展，武术的实战作用越来越小，体育性越来越突出。太极拳运动的最终用意，应该放在健身和养生方面。尤其是进入21世纪的人类社会，开展太极拳更应面向广大群众的健康层面，以全民健身为目的。否则，不仅违背了体育的本意，也违背了太极拳先辈的教导。

（五）太极拳的运动形式和特点

1. 太极拳的运动形式

太极拳运动包括套路、功法、推手三种形式。

套路是由很多动作按固定程序组成，包括起势和收势在内的连贯系列动作，又叫“拳套”或“架子”。各式太极拳套路很多，有徒手拳套，器械套路，单练套路，对练套路等等。不同套路练法和风格也有很大差异。练法上有缠绕螺旋、快慢相间、刚柔并举的架子（如陈式太极拳），也有动作弧形、柔和均匀的架子（如杨式、吴式太极拳），还有不同练法兼而有之的综合架子（如42式太极拳竞赛套路）。

功法练习指各种基本功和基本动作的操练，如“太极桩功”“太极养生功十三势”等。

推手是双人对抗性的操练或竞技比赛，以提高攻防技巧、对抗能力和反应能力为目的，包括单推手、双推手、定步推手、活步推手、大捋推手、散推手等多种方式。

2. 太极拳的运动特点

太极拳与其它武术项目相比，其独特之处在于它是一项心静体松，柔缓自然，连绵不断，动静结合，着重自我控制和意气诱导的武术项目。如果把长拳比作刚健明快的奏鸣曲，那么太极拳则是柔缓抒情的小夜曲。它柔和平稳，细腻委婉，将感情的抒发、气息的流畅和形体的自然圆活，三者高度和谐统一。尽管太极拳存在各种流派，在力度、速度以及表现的程度上各有差异，但在基本特点上各式太极拳是一致的。

太极拳的共同运动特点是：

（1）心静意导，呼吸自然

各式太极拳皆要求思想专一，心理安静，用意念引导动作。好象书法、绘画要求意在笔先，胸有成竹一样，打太极拳也要求先在心，后在身，以意导体，形意合一。打拳时呼吸要自然平稳，并与动作相配合。

（2）中正安舒，松柔连贯

太极拳要求立身中正安稳，姿势松展圆满，身体肌肉、关节不可紧张僵硬。动作如行云流水，悠缓流畅，连绵不断。

（3）动作圆活，周身协调

太极拳动作大多走弧形或螺旋形，转折圆润和顺，衔接自然。头、眼、手、脚、躯干要互相配合，整个身体要和谐地组成一个整体。不可顾此失彼，上下脱节，各行其是。

(4) 轻灵沉着，刚柔相济

太极拳动作“迈步如猫行，运劲似抽丝”，柔而不软，刚而不硬，富于韧性、弹性。即使发力动作，也要做到刚中有柔，充满弹性。太极拳古典拳论说“刚柔相济，方为懂劲”。也有人形容太极拳动作如棉中裹铁，在轻灵柔缓中，表现出从容镇定，一触即发之势。

（六）太极拳的健身作用

“详推用意终何在？益寿延年不老春。”大量的事实和科学实验充分证明，太极拳是一项对身心十分有益的体育活动。也是体现中华养生文化，“动以养身，静以养心”，动静结合的健身运动。

1. 对神经系统的影响

打拳时思想高度入静，以意导体，使大脑皮层进入保护性抑制状态。对处于高度紧张，尤其是对脑力劳动的人们是一种积极的休息，对当代社会的文明病——大脑过度紧张、肢体缺少运动是有力的治疗。实验表明，人脑消耗的能量大约占人体能量消耗的1/8~1/6。神经紧张不仅耗能大，而且会造成交感神经和副交感神经的不协调，使大脑皮层神经紊乱，引起各种疾病。通过太极拳锻炼可以消除大脑神经的紧张疲劳，清醒头脑，活跃情绪，修复神经系统的平衡，消除一些慢性病的病灶，并可直接影响到内分泌的平衡和免疫力的增强。同时，由于打拳“用意”，大脑不断发出良性信号，会使人体气血及能量会聚于意守部位，使人体新陈代谢旺盛，血流量增加30%左右，医学界称之为“精神反馈”作用。佛教的坐禅、中国古代的吐纳、现代的气功，都是通过“意守”引发生理变化。太极拳是通过“以意导体”“意念贯注”，使气血畅流全身。

2. 对心血管的影响

太极拳柔和协调的动作，会促使血管弹性增强，血管神经稳定性增强，更能适应外界刺激。太极拳与剧烈运动不同，运动以后舒张压会下降，长期坚持锻炼，有利于防止高血压和血管硬化。人们从动物实验也得到证明：经常处于剧烈运动状态的动物高血压的发病率较高，而柔和适度的运动则会促使血压稳定。据有关调查统计资料证明：经常打太极拳的老人较一般老人不仅血压正常，心脏收缩有力，而且动脉硬化率较低。

3. 对呼吸系统的影响

太极拳常常伴随深长的腹式呼吸，做到“气沉丹田”，这样就加强了膈肌的运动。我们知道，膈肌每下降1厘米可增加通气量300毫升。膈肌的运动不仅促进呼吸的深长，还增加了内脏的蠕动，促进腹腔的血液循环和肠胃消化能力。

4. 对骨骼、肌肉的影响

太极拳要求立身端正，步法稳健，关节伸屈灵活，使人养成良好的体形，锻炼有力的下肢，培养灵活、柔韧、协调的素质，这对人们保持青春，防止衰老会发挥良好的作用。

二 24式太极拳概述

（一）24式太极拳的创编和影响

1953年，新中国举行了全国民族形式体育运动大会，包括太极拳在内的武术成了大会的主要项目，这是历史悠久的中华武术在年青的共和国体育大舞台上首次亮相，备受人们关注。主持体育工作的贺龙副总理在谈话中指出：武术是一座宝山，我们要做好三件事：第一要探明和挖掘。第二要淘洗整理，使它更科学、更便于掌握。第三要提高发展，博采众长。

1954年，国家体育运动委员会设立了武术研究室，制定了"挖掘、整理、研究、提高"的武术工作方针。决定从太极拳开始，编定简明统一的教材，在全国普及开展。为此，邀请各派太极拳名家共同商讨，制定了精简太极拳初稿。初稿由各流派太极拳代表性动作组合而成，内容公开发表后，人们普遍反映初学者学练困难，不易掌握。

1955年，国家体育运动委员会武术处毛伯浩、李天骥、唐豪、吴高明等专家多次研究，决定以流传范围和适应性最广的杨式太极拳为根据，本着大众健身，易学易记的原则，选择其中主要内容，保留传统风貌，重新编排，制定一套简化太极拳。经过反复修订，终于在1956年产生了新中国第一部由国家主管部门审订的武术教材《简化太极拳》。由于全套共有24个动作，人们又称它为"24式太极拳"。

这套太极拳具有以下特点：

1. 全部动作选自传统杨式太极拳，风格鲜明，群众熟悉，动作柔缓舒展，老幼咸宜，易于普及。

2. 保留了传统套路的主要内容和技术规范，减少了其中的重复动作，内容精简，约为传统套路的1/4，初学者易学易记。

3. 练习时间5分钟左右，适合大众在早操和工间时开展。

4. 套路编排由直进动作开始，继而后退动作和侧行动作，最后是蹬脚、下势、独立等难度较高的动作，体现了由浅入深、循序渐进的教学原则。

5. 重点动作增加了左右对称练习，避免了传统套路中只有右揽雀尾、左下势的偏重现象，有利于全面均衡锻炼。

简化太极拳发表后，很快受到广大爱好者的欢迎，中国城乡出现了普及太极拳的热潮。现在，24式简化太极拳不仅在中国广泛流传，同时传遍五大洲一百多个国家。1990年第十一届亚洲运动会开幕式上，中日两国1500名太极拳爱好者进行了简化太极拳联合表演。1996年为纪念邓小平题词“太极拳好”二十周年，在天安门广场举行了万人简化太极拳大合练。24式简化太极拳的编写和推广，为初学者入门学练提供了方便，也为太极拳的繁荣、普及和走向世界开拓了道路。

24式太极拳的创编是太极拳发展史上一项划时代大事。它使古老的太极拳赶上时代步伐，进入老百姓的日常生活，在真正意义上实现了它的全民健身功能。它智慧地诠释了继承与创新的辩证关系，为武术遗产的整理发展提供了经验。它为太极拳的普及繁荣拓展了深度和广度，以其简朴之花引领了太极拳苑中的百花盛开。它以实践和事实征服了人心，提高了武术界的思想认识。一些曾经担心和攻击太极拳简化会违反传统，丢掉精华，变成空架子的人，最终消除了偏见，认识到太极拳只有在不断适应社会发展和群众需要中与时俱进，才能获得强大生命力。

（二）24式太极拳的技术规格、要领

1. 身　型

24式太极拳的身型姿势中正稳定，舒展自然。对身体各部位要求如下：

（1）悬顶正容

悬顶是指头、颈自然竖直，微有向上顶悬的意念，又称“虚领顶劲”，这样做有利于姿势稳定，精神振作，意气运用，所以《十三势歌》中说“尾闾中正神

贯顶，满身轻利顶头悬”。常见有人打拳时头颈松软，萎靡不振，或摇头晃脑，低头弯腰，都是不对的。当然，悬顶也不能使头颈紧张僵硬，失去虚领本意。正容指面部表情自然端正，平静从容，不可故意表情作态。

（2）沉肩坠肘

肩关节要保持松沉，不可耸沉，也不可故意前扣或后张。肘关节要保持自然弯曲，并含有轻微垂坠的姿势，防止扬肘、直臂等毛病。这样可以使姿势自然、动作沉稳、柔和。

（3）展臂虚腋

24式太极拳上肢无论是屈臂还是直臂，都要充满膨胀的内力，太极拳称为“掤劲”。屈臂时不可松软扁瘪，要保持成弧形，向外展放；直臂时要前伸后拉，肘部下坠，仍要微屈成弧。这样就使得上肢既柔和自然，又沉实有力。虚腋是指腋下保持一定空隙，不要将大臂与胁部夹紧，使动作失去圆活自然。

（4）舒指塌腕

24式太极拳的掌型应做到五指自然舒展分开，虎口撑圆，掌心内凹成“球面”，腕部下塌，使劲力贯注于掌、腕、指各关节。当然，随着动作的虚实变化，这种贯注的力量是在不断变化的，不同的动作招法，手的着力部位也不相同。但是无论如何变化，指、腕关节都不能过于松软和过于僵硬，五指屈缩、腕部松弛，或者五指并拢挺直、腕部紧张都是不对的。

（5）含胸拔背

含胸指胸部不能外挺，要保持舒松自然；拔背是指背部舒展开阔。这些与太极拳的松柔圆活运动特点相适应；与某些挺胸、紧背、收腹的刚力型拳法要求迥然不同。含胸拔背的关键在于自然舒展，不能理解为缩胸驼背，失去中正。刻意盲目地去追求“含胸”是不对的。

（6）松腰正脊

这是保证24式太极拳立身中正的关键。松腰指腰肌松活，一旦紧张僵硬就使动作失去灵活自然。正脊是要求脊柱中正伸展，尽管动作有各种旋转变化，但要始终保持脊柱中正不偏，舒展伸拔。例如海底针、下势等动作上体稍向前俯，但不能因此脊柱歪扭或团缩。

(7) 缩髋敛臀

太极拳大多保持屈腿半蹲姿态，这时常有人发生挺髋、后仰或凸臀、前俯的现象，使上体失去端正，姿势发生歪扭。正确的做法是：髋关节向内收缩，臀部向内收敛，从而保证身体端坐在腿上的姿势。

(8) 提肛实腹

太极拳动作要求“气沉丹田”。就是指动作完成的时候，要有意识地加深呼气，使腹肌紧张，腹压升高，同时裆部的肌肉也相应收缩上提，以帮助下肢稳定和劲力充实完整。这时如果腹肌、肛门括约肌过于松弛就收不到这种效果。

(9) 屈腿落胯

不管是弓步、虚步还是仆步，常常是一腿弯曲，承担了大部分体重，对下肢力量提出了很高要求。姿势越低，屈腿越深，运动量也越大。为了保证姿势中正平稳和动作轻灵，必须自觉地屈腿落胯。有些人由于腿部力量不足或要领掌握不好，结果重心忽起忽伏，出现屈腿不够或者骨盆左右扭摆的毛病，这是应予纠正的。

(10) 活膝扣足

膝关节松活有力才能保证两腿屈伸自由。要注意直腿的时候膝关节也要留有少许松活余地，如弓步的后蹬腿、独立步的支撑腿等。扣足趾脚要踏实，不仅在运动中要脚踏实地稳定重心，就是在弓步、仆步时也要防止脚外侧掀起或脚跟掀起的“拔跟”现象。

2. 手　型

手型指的是手的造型。24式太极拳有拳、掌、勾三种手型，规格要领如下：

(1) 拳

四指并拢卷握于掌心，拇指屈压于食指、中指的第二指节上。拳面要平，握拳的力量要适中，不可过紧或过松。

(2) 掌

五指微屈，舒展分开，掌心微含，虎口撑圆。手指用力不可僵直，也不可松软弯曲。

(3) 勾

五指第一指节自然伸直捏拢成勾，屈腕使勾尖朝下。

3. 手　法

手法是打拳过程中手臂的运动和攻防招法。24式太极拳的主要手法有：

(1) 掤

前臂由下向前上掤架，横于体前，高不过肩。肘关节稍低于手，腕指既不可软缩无力，也不可僵硬挺直；臂要保持弧形。力点在前臂外侧（图1、2）。

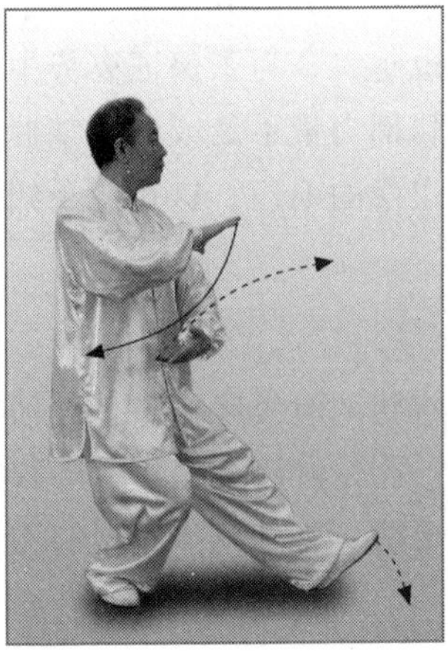

图 1

图 2

(2) 捋

两手斜相对；随转腰由前向侧后方同时画弧捋带。两手要走弧形曲线，不可直抽强拉（图3、4）。

(3) 挤

后手推送前手的前臂内侧，两臂由屈而伸向前挤压。着力点在前手前臂。挤出后两臂须撑圆，高不过肩（图5、6）。

图 3

图 4

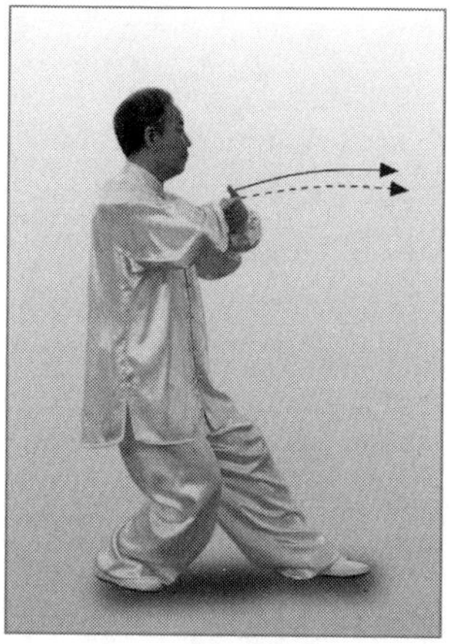

图 5

图 6

（4）按

两臂先屈后伸，两手向后收引再向前推按。路线要走弧形，先向后向下引化再向前上方用力，不可直推。力点在两掌，高不过肩，掌心向前，沉腕舒指，指尖向上（图7、8）。

（5）抱　掌

两掌上下相对或左右交叉抱于体前或体侧。两臂半屈成弧，如抱球状（图9）。

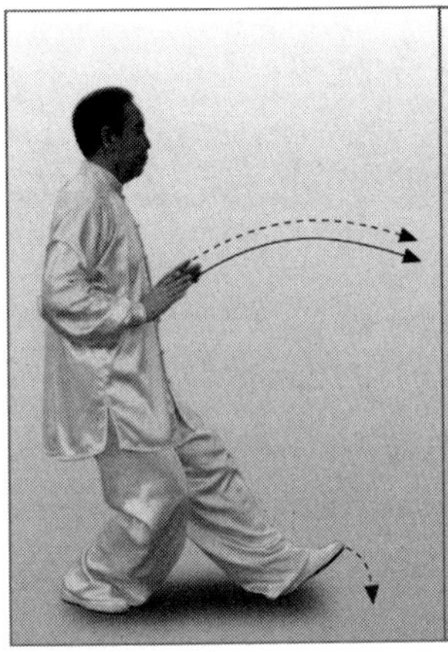

图 7

图 8

图 9

(6) 分　掌

两手由合抱向前后或左右分开（图10、11）。

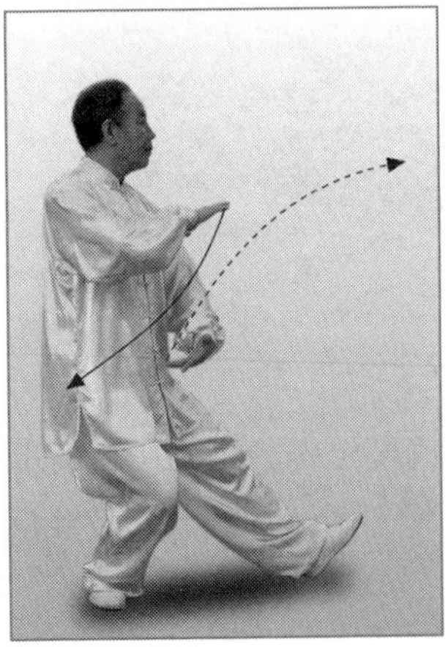

图 10

图 11

(7) 云 手

两手掌上下交错经体前向左右侧往复画弧运转。运动轨迹呈两个相交的立圆。云手时要与转腰协调一致。上手高不可过头，下手低不可过裆，两手边云边翻转（图12、13、14、15、16）。

图 12

图 13

图 14

图 15

图 16

(8) 贯　拳

拳从斜下方向前上方弧形摆动横击。臂半屈呈弧形并内旋，力点在拳面，拳眼斜向下方。不可耸肩、提肘、屈腕，也不可直臂挺肘（图17、18）。

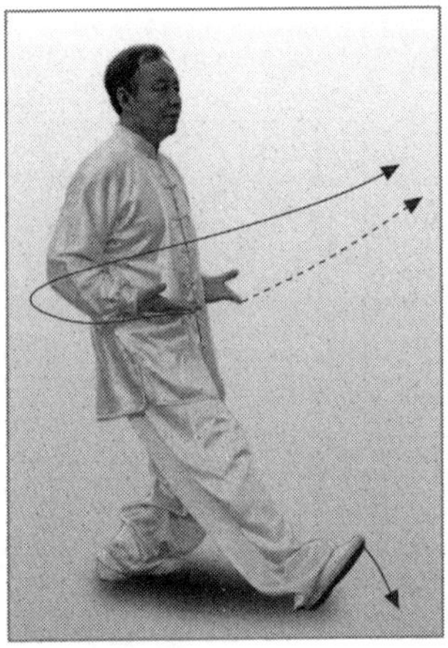

图 17

图 18

(9) 打　拳

拳由腰间旋转向前冲打，由拳心向上转为拳眼向上。力点在拳面（图19、20）。

图 19

图 20

(10) 挑　掌

侧掌由下向前上方挑起，指尖向上，力点在掌的拇指一侧（图21、22）。

图 21

图 22

(11) 插　掌

四指并拢，拇指分开，臂由屈而伸，掌沿指尖方向伸出。前伸为前插掌；下伸为下插掌。力点在四指指尖（图23、24）。

图 23

图 24

(12) 推　掌

臂由屈而伸，掌从肩上或胸前向前推出。掌心向前，指尖朝上（图25、26）。

图 25

图 26

4. 步　型

步型是定势时下肢具有的形态。24式太极拳的步型有：

(1) 马　步

两脚左右开立，两脚平行向前，与肩同宽，两腿屈膝半蹲，重心平均落于两腿。屈髋收臀，上体正直，头顶与会阴成一垂线。如起势步型（图27）。

(2) 弓　步

两腿前后分开。前腿屈膝前弓，膝与脚尖上下相对，大腿斜向地面，脚尖直向前；后腿自然蹬直，脚尖斜向前方约45°~60°。两脚全脚掌着地，不可掀脚拔跟。两脚横向间要保持一定的宽度，大约在10~30厘米之间。两脚不要踩在一条直线上或左右交叉，以免造成身体紧张、歪扭。如搂膝拗步步型（图28）。

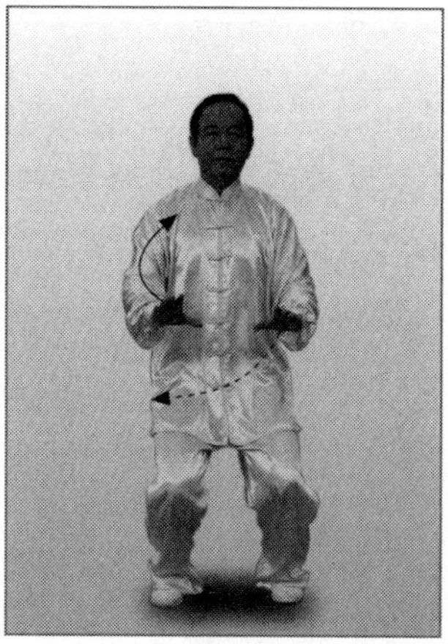

图 27

图 28

(3) 虚 步

后腿屈膝半蹲，大腿高于水平，后脚全脚着地，脚尖斜向前方，臀部与脚跟上下相对；前腿微屈，正对前方，前脚脚掌着地，如白鹤亮翅（图29），或脚跟着地，脚尖上翘，如手挥琵琶（图30）。

图 29

图 30

（4）仆　步

一腿屈膝全蹲，脚尖稍外展，全脚掌着地，膝部和脚尖方向一致，不要向内裹扣；另一腿向体侧伸直，脚尖内扣，全脚掌落地。仆步的两脚尖大体平行向前，或略呈八字。两脚皆不能掀脚拔跟。如下势步型（图31）。

（5）独立步

一腿自然伸直，独立支撑；另一腿屈膝前提，大腿高于水平，小腿及脚尖自然向下，上体保持中正，重心保持稳定（图32）。

（6）并　步

两脚平行向前，相距约20厘米，脚尖不可呈八字形，全脚着地，重心可平均放于两腿，也可偏于一腿。两腿半蹲，上体保持中正。由于太极拳的并步保留一定宽度，所以又称小开步。如云手步型（图33）。

图 31

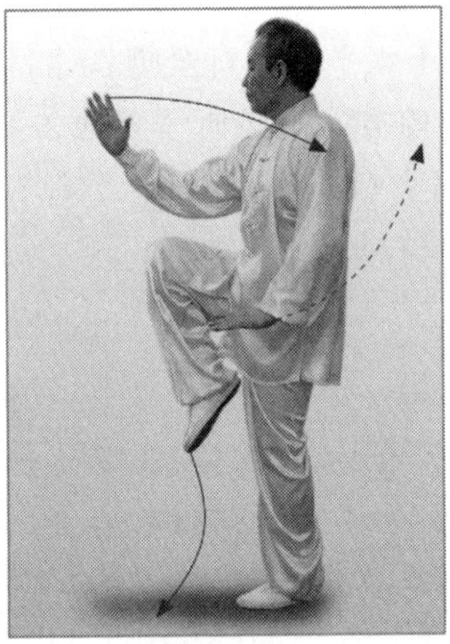
图 32

图 33

5. 步　法

步法是指练拳中两脚的移动。24式太极拳的步法要求轻灵沉稳，虚实分明。两脚移动时轻起轻落，迈步如猫行，由点及面，重心稳定，不可猛收急落，脚步沉重。在步法转变中，落脚的位置（距离、宽度、方向）要适当，脚尖或脚跟碾转的角度要适度；支撑腿要保持平稳，不可忽起忽落；移动腿要屈伸灵活，不可僵硬。

24式太极拳的步法有：

（1）上　步

后脚向前迈出一步，如野马分鬃的步法。或前脚向前移动半步，如右蹬脚接双峰贯耳的步法。

（2）退　步

前脚向后退一步，如倒卷肱的步法。

（3）跟　步

后脚向前收拢半步，如白鹤亮翅和手挥琵琶的步法。

（4）侧行步

两脚横向依次向体侧移动，脚尖平行向前，如云手的步法。

6. 腿　法

腿法，俗称脚法，是指脚、腿的攻防运用方法。二十四式太极拳中只有蹬脚一个腿法。其规格为：

一腿独立支撑，膝微屈；另一腿屈膝提收后再蹬踹伸直，脚尖上翘，力点在脚跟，高度要超过水平。蹬直腿一定要先屈后伸，不可直腿上摆。

做蹬脚时，支撑要稳定，上体维持中正，不可前俯后仰，左右歪斜。

7. 眼　法

眼法，是指打拳中眼神的运用方法。其要领是：定势时，眼平视前方或注视前手；换势时，眼睛与手法、腿法、身法协调配合，势动神随，神态自然，精神贯注。

三 如何练好24式太极拳

（一）练习步骤和要点

一般说来，太极拳的训练提高可以分成三个阶段：第一阶段打好形体基础；第二阶段提高运动技巧；第三阶段注重内外相合，形神兼备。王宗岳在经典论著《太极拳论》中概括为“由招熟渐悟懂劲，由懂劲阶及神明。”

1. 基础阶段

写字要首先保证字形准确，打太极拳也要首先打好形体基础。形的基础指身型、手型、步型、身法、手法、步法、腿法、眼法等符合规格，从学练之初就要十分注意型和法的规范要求。体的基础指体力、素质的训练，为技术提高打好物质基础。这一阶段的训练要点如下：

（1）体松心静

太极拳是动中寓静、身心兼修的运动，从训练开始就要培养学生自我调整身心状态，消除紧张，排除杂念的能力。有些初学者，尤其是青年学生，认为认真就要多用力气，结果常常周身紧张僵硬，面红气喘，违背了太极拳的特点。也有人打拳三心二意，边打拳边思考问题，精神处于紧张和杂念之中，影响了锻炼效果。体松和心静是太极拳的基本修养，只有消除身体的紧张和思想的杂念，不断调整身心状态，做到松静自然，才能进入太极拳的修炼境界。

（2）立身中正

打太极拳要求中正安舒，平稳自然。有的人长期形成了不良习惯，打拳时拱肩驼背，低头弯腰；也有人动作紧张生硬，身体前俯后仰，摆臀扭胯。这些都要认真纠正，打拳中努力保持良好的体型、体态。

(3) 型法准确

对每种型法的规格、要领都要清楚，一招一势力求准确。初学者即使一时达不到规格要求，也要明确方向，认清规格。有些人常有先比画动作，再求规格的想法。实践证明，改正错误习惯比学习新动作更困难。从一开始就力求准确，宁少勿滥，才是最扎实、最有效的学拳途径。

(4) 轻灵平稳

太极拳除少数动作重心有明显升降，大部分过程保持屈腿半蹲状态，身体好像端正坐在自己腿上。步法移动时要求一腿半屈支撑，稳定重心，另一腿轻轻提落，迈步如猫行，使动作轻灵、柔和、稳固，表现出太极拳特点。

有些人腿部支撑力不足，打拳忽坐忽立，时起时伏；也有人随意进退，像散步一样，以致练了 1 小时，身体不发热，不出汗，大大降低了锻炼效果。为此，需要加强桩功、行步等基本功练习，提高下肢力量，强化屈腿落胯要领。

也有人由于步型、步法不当，造成重心不稳，身体紧张、摇晃，失去控制。对此，则需要改进步型、步法，切实掌握规格。

(5) 舒展柔和

太极拳的姿势和动作，既不能生硬，也不能软缩。它好像一个充满气的气球，柔和而饱满，具有向外膨胀、支撑八面的张力，太极拳称为柔中寓刚的“掤劲”。初学者一时掌握这种技巧比较困难，但应做到姿势舒展，动作柔和，柔而不软，展而不硬，在放松自然状态下轻柔、舒展地完成动作。

2. 提高阶段

这一阶段的重点是提高运动技巧和运劲要领，使动作完整协调，连贯圆活，劲力顺达，不发生“断劲”现象。这是衡量一个人技术熟练与否的重要标志。训练要点如下：

(1) 上下相随

任何太极拳都要求手、眼、身、步协调配合，周身形成一个整体。例如“云手”动作，腰脊旋转，带动两臂交叉画圆和两手云转，同时重心左右移动和两脚侧行，眼神随时注视交换的上手。这样就形成一个节节贯串、上下相随的全身活动。初学者往往顾此失彼，手脚脱节，四肢与躯干分家，各部位互不配合，武术术语称为“断劲”。太极拳技术的提高，首先要提高动作的协调性、完整性。

（2）运转圆活

运转圆活是技术熟练的具体表现。好像优秀司机驾驶车辆时，尽量保持平稳柔和，避免冲击摇晃一样，太极拳也要求圆活和顺，转接自然，避免直来直往，猛冲急停，生硬转换等“断劲”现象。要做到这一点，需要特别重视以腰为轴带动四肢，使动作“根于脚，主宰于腰，形于手”，周身运转和谐流畅。

（3）动作连贯

太极拳动作之间要前后衔接，绵绵不断，不允许有明显的停顿和割裂。在教学中，为使初学者便于对照检查，常采用分解教学和时动时停的教学方法。但是动作熟练以后，一定要消除割裂痕迹。前一动作的完成即转入后一动作的开始，做到“势断劲不断，劲断意不断”。两个动作之间，先由意念和气势连接转换，再由腰腿带动四肢由内而外，由微渐著地发生形变。切忌生硬突然，急起急停。

3. 自如阶段

这一阶段的重点在于追求神与形、内与外、气与力的完美结合，使动作气势饱满，神韵自由，寓有表现力，感染力。训练要领如下：

（1）以意导体，分清虚实

练太极拳自始至终要求思想专一。但是初学时思想只能集中于记忆动作和规格要领，精力多用在手脚上。动作熟练以后，思想集中于周身协调，精力重点用在腰腿上。技术再提高，思想就会转入动作的虚实开合和劲力的刚柔运用方面，精力放在意念引导动作上。好象演员最终要以情感人，塑造角色内心世界，而不停留在形体外表上一样，太极拳最终也要求“重意不重形”“意气君来骨肉臣”。

太极拳表面平淡均匀，实际上充满了丰富变化，表现在动作的虚实、劲力的刚柔、拳法的蓄发、身法的开合等方面。一般说来，太极拳每个动作都有起、承、落、合不同的阶段。起和承的过程属虚的阶段，拳法为蓄，劲力要柔，身法要内开外合；落和合的过程属由虚转实阶段，拳法为发，劲力要实，身法要内合外开，对拉互拔。这些变化和运用，都要以意念为主导，“先在心，后在身”，意动身随，气势相合，动作才能得到完美体现。所以说，太极拳绝不是死水一潭，而是充满生机和变化。

（2）以气运身，气力相合

初学太极拳只要求自然呼吸，当吸则吸，当呼则呼，通畅自然，不必受动作约束。技术提高以后，应该有意识地引导呼吸与动作配合，使动作和劲力得到更好发挥。这种呼吸叫作“拳势呼吸”。一般说来，当动作转实时，应该有意识地呼气，以气助力；当动作转虚时，有意识地吸气，以利于动作转换。所以，太极拳经典理论说“能呼吸然后能灵活”。实际上，无论意识与否，我们日常的呼吸总是与劲力运用和身体动作相配合的。随着动作的起、升、伸、开，胸腔舒张而吸气；随动作的落、降、缩、合，胸腔收缩而呼气。随双手接引蓄力而吸气，随双手推放发力而呼气。拳势呼吸只是把这种自发的配合转成自觉的引导，因此它是积极的，也是顺乎自然的。

那么是否有了拳势呼吸就不要自然呼吸了呢？不是。因为太极拳不是呼吸体操，它的动作不是根据呼吸节奏而是根据拳法要求编定的。不仅不同的太极拳套路，其呼吸次数、节奏不相同，就是同一套太极拳，不同体质、年龄、技术水平的人练起来呼吸也不一致。可以这样说，练拳时只能要求在主要动作和开合鲜明的动作上，做到“拳势呼吸”，而在一些过渡动作及感到呼吸难以适应的时侯，仍需要自然呼吸，或采用辅助性的短暂呼吸进行调整。所以，太极拳总是拳势呼吸与自然呼吸二者并用，同时辅以联系二者的调整性呼吸作为过渡，才能保证太极拳做到“气以直养而无害”。

(3) 神韵充盈，从容自如

太极拳技术的最高境界是神舒体静，清虚自然，给人自由的身心享受和身心修炼，因而，经典理论提出太极拳“不在形式在气势”的论断。我们在太极拳练习中，随着技术的提高，要逐渐地从追求规范、技巧和要领等束缚中解脱出来，进入表现神韵、风采的境界。然而有的朋友对太极拳的追求和探讨长期停留在形式上，尽管动作做得标准，但是缺乏神采和个性，缺乏感染力。须知，“明规矩，守规矩”只是进步的阶梯，只有“脱规矩，合规矩”才能步入“屈伸开合听自由”的境界。

（二）学练提示

1. 树立信心

有人说太极拳很深奥，武术界素有“太极十年不出门”之说，其实这只是对学者“艺无止境”的忠告。从另一方面说，太极拳柔和轻松，是一项人人可练、安全简便的活动，任何年龄、任何体质的人，只要认真学习，都可以掌握它。初学者的最大难点是太极拳动作复杂，数量多，常常顾前忘后，记手忘脚，不易协调。只要在老师的指导下，树立信心，勤学多练，避免贪多求快，马虎草率，练上几个月的时间，就能摸清太极拳基本规律。

2. 持之以恒

练拳不能“三天打鱼，两天晒网”。太极拳可以提高人体生理机能，增强对疾病的抵抗力，但需要经过一定时间系统的锻炼，不是练几下就能见效的。有些人因为暂时没有收到效果，或是没掌握动作要领，就感到枯燥、困难，半途而废；也有些人在锻炼过程中腰酸腿痛，就畏难而退。在练习中，身体某些关节、肌肉，特别是大腿肌肉酸痛，这是正常现象。对一些体质较弱和不经常运动的人来说，肌肉酸痛更明显，这正是关节、肌肉为适应锻炼需要的增强过程。发生这种情况，不要中止锻炼，只要适当地减少运动量，或者是练拳时姿势放高一些，经过一段时间，酸痛现象就会自然消失。

3. 求真务实，循序渐进

有些人学拳贪多求快，想先把动作比画下来，以后再改进；也有人以多为胜，见异思迁，不求甚解，结果会得不少，可惜质量不高，徒有一副空架子。我们知道，太极拳锻炼的效果与动作质量密切相关，提高太极拳练习质量和拳艺水平，应该成为永无止境的追求。24 式太极拳是“拳简理不简”，不能因为动作数量减少就降低质量标准，草率马虎，应付了事。俗话说“学拳容易改拳难”，一旦形成了错误定型，纠正起来更困难。所以学太极拳要求真务实，循序渐进，认真地学，扎实地学，宁要少但要好，这样才能收效大，进步快。

4. 重视基本功

打好基础包含两方面意思：一是姿势（型）和动作（法）规范正确，做到“势正招圆”；二是基本功扎实，有良好的身体素质和专项素质。有人认为基本功训练是提高技术的需要，初学者不必急于投入，其实不然。学太极拳先从套路入手，还是先从练基本功开始？这个问题我们不必强求一律，重要的是两者不能脱节。脱离了基本功，套路不会正确，质量不能保证；没有套路，基本功也会失去方向，无的放矢。初学阶段就把二者结合起来，一边练套路，同时进行必要的专门训练，如站桩、行步、压腿、各种手法、腿法的单独操练，将会使你较早、较快地把握太极拳要领，较好地掌握套路，减少错误，避免弯路。

5. 适当掌握运动量

运动量与练习时间长短、姿势的高低、动作的准确程度密切相关。比如，姿势高矮不同，腿部承受的力量也不同，运动量也不一样。恰当的运动量，要根据个人的体质条件来定。一般来说，练完拳以后，感到舒服，情绪很高，产生的疲劳感能够很快恢复正常，说明运动量合适。运动量过小，身体活动不足，收不到锻炼效果；运动量过大，容易产生过度疲劳和运动伤害。一般健康的人练到身体出汗即可，体弱和患病者要根据医生和教练员的指导进行锻炼。年老体弱者，如果做不了全套动作，可以选择基本动作或部分动作练习。下肢不能活动的患者，也可以只做上肢和腰部的基础练习。只要按照要领，坚持经常练习，同样会收到效果。

6. 打拳速度的掌握

初学打拳时，要先想后做，边想边做，所以打拳的速度宜慢不宜快，甚至中途可以有小的停顿。慢的好处是能够照顾每个动作的细节，及时检查和纠正动作的毛病，容易做到心静、体松，同时可以保持重心稳定。动作熟练以后，可以稍快一些，动作之间不要停顿，力求连贯圆活，均匀自然。比如 24 式简化太极拳熟练时，一套拳大约练 5 分钟。初学者慢练可用 8~10 分钟。不同架式的太极拳，由于风格特点不同，动作有多有少，所需时间也不完全一样。比如，杨式太极拳舒展大方，沉稳柔缓，全套 80 多个姿势，一般要用 15~20 分钟；孙式太极拳紧凑灵活，步法和手法变换频繁，全套 90 多个动作，一般只需 8~10 分钟。无论哪一种架式的太极拳，练起来都要求气势完整，不能忽快忽慢。

7. 选择练拳的时间和场地

练拳的时间最好安排在清晨或傍晚。清晨练拳，可以帮助摆脱睡眠时的抑制状态，使头脑清醒，为工作和学习做好准备；傍晚练拳，可以帮助消除疲劳起到促进休息的作用。清晨和傍晚时，环境较安静，便于思想集中。练拳之后，不要马上吃饭和睡觉，最好稍微平静一会儿，使运动时的兴奋状态逐渐消失。此外，工间和课余也是进行太极拳锻炼的好时间。

练拳最好找空气新鲜和安静的环境，避免风沙和烟雾。公园和庭院都是很好的地方。如果在室内，最好在空气流通和有阳光的地方。打拳时，应穿宽大柔软的便服或运动服，不要穿硬底鞋，以免妨碍动作。天太冷时可戴上帽子和手套。练完以后要把汗擦干，以免感冒。

8. 做好准备活动和整理活动

由于太极拳是一项柔缓的运动，因此不少人往往忽视了练习前的准备活动和练习后的整理活动。准备活动又叫热身活动，是使身体进入运动状态的必要手段。太极拳的准备活动包括两个方面：一是生理准备。目的是克服人体惰性和肌肉黏滞性，使运动器官从相对静止状态进入工作状态，相关的肌肉、关节、韧带活动开，运动中枢走向兴奋，以便更准确地支配运动器官；二是心理准备。目的是消除思维的紧张状态，排除杂念，使内心平静，精神集中。准备活动可采取慢跑、体操、站桩、压腿、活腰等内容。活动强度要小，但要充分和认真。

整理活动是为了使运动器官恢复平静，消除疲劳。可以采取放松体操、散步、活动性游戏、按摩等，以避免肌肉持续紧张，防止膝关节过度疲劳。有人打拳以后，习惯马上坐下来休息或静止站立，这是很不好的习惯，应该改正。

9. 全面锻炼，合理调配

任何健身运动都会存在一定的局限性。太极拳的局限是缺少上肢力量和心肺功能训练。为了使身体全面发展，有条件、有能力者完全可以选择适当的其他运动加以补充。对于不同性质的运动，要合理分配时间和体力，不要相互干扰和过于劳累。有些运动项目与太极拳可以同时交叉进行，有些项目则应分时间操练。

有人问练太极拳可否同时练其他武术项目和气功？各种武术和气功在要领、特点上与太极拳既有差异，也有相通之处，不同内容科学合理地安排练习，可以相互补益，还会收到触类旁通效果。对于初学者来说，我们还是建议集中精力，一项一项地掌握为好，以免同时出击，分散精力，一事无成。

四 24式太极拳图解说明和教学要点

24式太极拳动作名称

(一) 起　式
(二) 左右野马分鬃
(三) 白鹤亮翅
(四) 左右搂膝拗步
(五) 手挥琵琶
(六) 左右倒卷肱
(七) 左揽雀尾
(八) 右揽雀尾
(九) 单　鞭
(十) 云　手
(十一) 单　鞭
(十二) 高探马
(十三) 右蹬脚
(十四) 双峰贯耳
(十五) 转身左蹬脚
(十六) 左下势独立
(十七) 右下势独立
(十八) 左右穿梭
(十九) 海底针
(二十) 闪通臂
(二十一) 转身搬拦捶
(二十二) 如封似闭
(二十三) 十字手
(二十四) 收　式

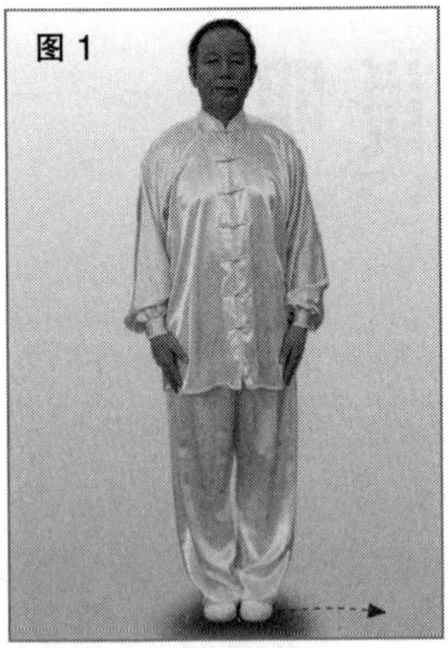

图 1

预备式

身体自然直立，两脚并拢，两腿自然伸直。胸腹放松，两臂下垂，手指微屈，两手垂于大腿外侧。头颈正直，下颏微收，口闭齿扣，舌抵上腭。精神集中，表情自然，双眼平视前方，假设朝向正南。（图1）

图 2

（一）起　式

1. 左脚开步

左脚向左分开半步，足距与肩同宽，两脚平行向前，呈开立步。（图2）

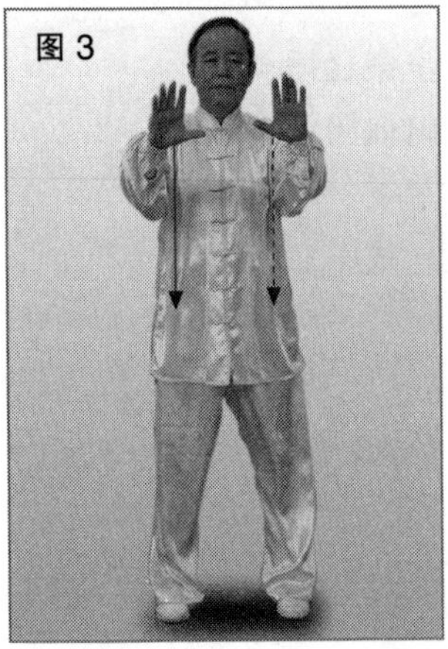

图 3

2. 两臂前举

两臂慢慢向前平举，与肩同高、同宽，双臂自然伸直，肘关节向下微屈；两手心向下，指尖向前。（图3）

3. 屈腿按掌

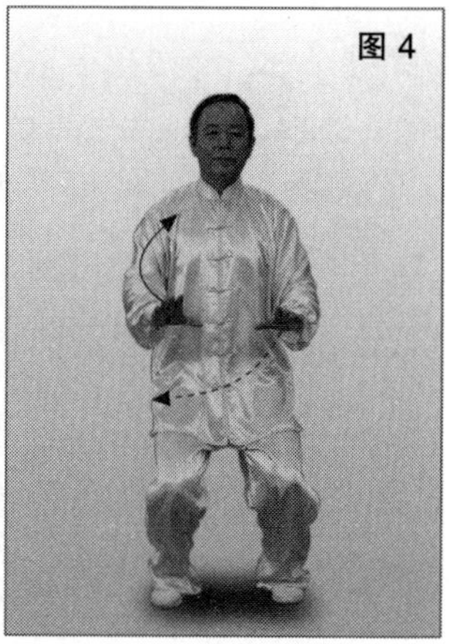

图 4

两腿慢慢屈膝半蹲，重心落于两腿之间，呈马步；同时两掌轻轻下按至腹前，上体舒展正直，两眼平视前方。（图4）

【教学要点】

① 起势中的马步是太极拳的基本步型，要求两脚平行向前，体重平均放在两腿上。

② 开步时，应抓住“轻起轻落，点起点落”这个步法规律，先将重心移至右腿，然后轻轻提起左脚，以不超过右踝的高度向左分开半步。落脚时前掌先着地，脚尖朝向正前方，随之全脚逐渐踏实。

③ 手臂的前举和下按应抓住“匀速、柔和、缓慢”这几个关键点。手臂的移动要有逆水前进的感觉，既要有一定的紧张度，又不可僵硬；既要放松，又不可松懈。

④ 手臂前举时，两手先在两腿外侧将掌心转向后方，随即再慢慢地向体前平举。

⑤ 两掌下按时手心朝下，要有主动下按的意念，按到两手与腹同高时，须展掌、舒指。

⑥ 屈蹲的高度要视学生的身体素质，因人而异。太极拳的全套动作，除少数式子外，整套都是在半蹲的状态中进行的。开始的屈膝高度基本上就是整套拳的拳架高度，练习中不允许忽高忽低。因此，教师不要让学生将起势蹲得过高或过低，以免拳架练习中高度起伏不定。

⑦ 上体要保持正直，肩背、臀部、脚跟基本在同一垂面上。

【易犯错误】

① 向左开步时，身体左右摇晃。

② 两臂前举和下按时，两肘关节外撑、上扬；两肩上耸；腕关节松软弯曲。

③ 屈膝下蹲时上体前俯或后仰。

图 5
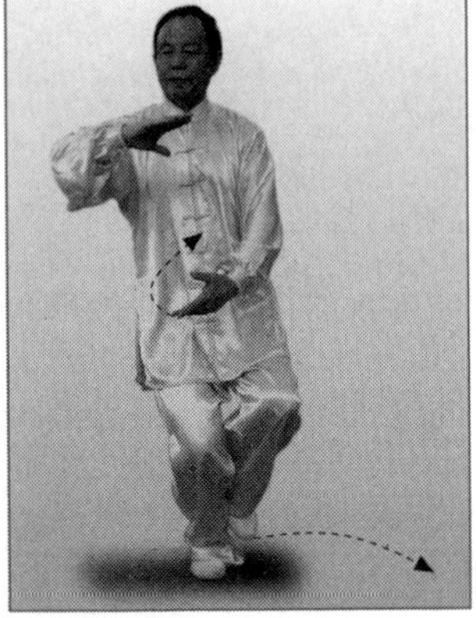

（二）左右野马分鬃

1. 左野马分鬃

（1）抱手收脚

上体稍右转；右臂屈抱于右胸前，手高不过肩，肘略低于手，手心向下；左臂屈抱于腹前，手心向上，两手上下相对，如在右胸前抱球状；左脚收至右脚内侧，脚尖点地；眼看右手。（图5）

图 6
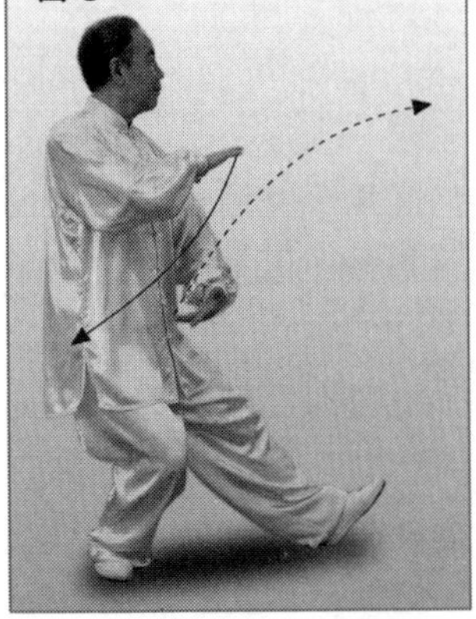

（2）转体上步

上体左转；左脚向左前方（东）迈出一步，脚跟轻轻着地，重心仍在右腿上。（图6）

图 7

（3）弓步分手

上体继续左转；重心前移，左脚踏实，左腿屈膝前弓；右腿自然蹬直，右脚跟外展，呈左弓步；同时两掌前后分开，左手分至体前，高与眼平，手心斜向上；右手按至右胯旁，手心向下，指尖朝前；两臂微屈；眼看左掌。（图7）

2. 右野马分鬃

(1) 转体撇脚

重心稍向后移，左脚尖翘起外撇，上体稍左转；两手准备翻转“抱球”；眼仍看左手。（图8）

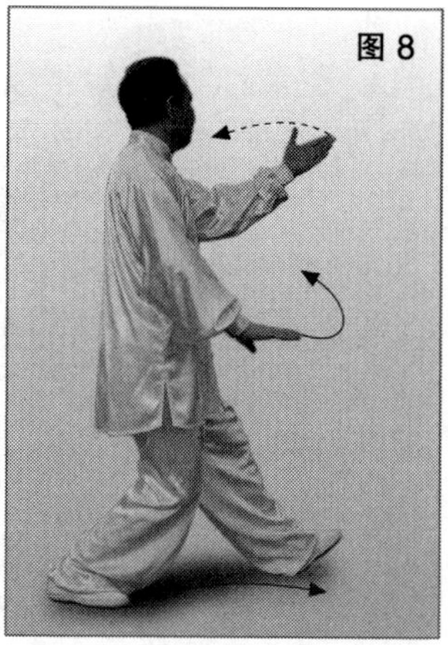
图 8

(2) 抱手收脚

上体继续左转，左手翻转成手心向下，在左胸前屈抱；右手翻转前摆，手心向上，在腹前屈抱，两手上下相对，如在左胸前抱球；重心移至左腿，左脚踏实，右脚收至左脚内侧，脚尖点地；眼看左手。（图9）

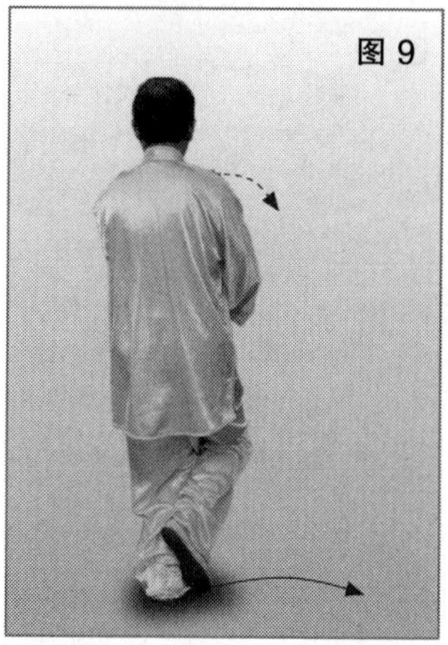
图 9

(3) 转体上步

上体稍右转；右脚向右前方迈出一步，脚跟轻轻着地。（图10）

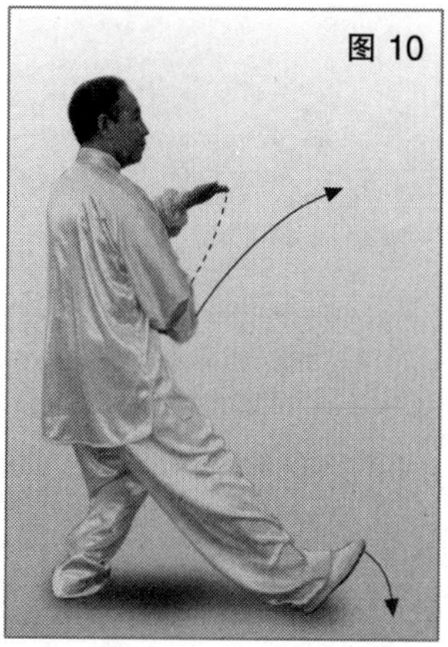
图 10

图 11

(4) 弓步分手

上体继续右转；重心前移，右脚踏实，右腿屈膝前弓；同时左腿自然蹬直，左脚跟外展成右弓步；两手前后分开，右手分至体前，高与眼平，手心斜向上；左手按至左胯旁，手心向下，指尖向前；两臂微屈；眼看右手。(图11)

图 12

3. 左野马分鬃

(1) 转体撇脚

重心稍后移；右脚尖翘起外撇，上体稍右转；两手准备翻转“抱球”。(图12)

图 13

(2) 抱手收脚

上体继续右转；右手翻转成手心向下，在右胸前屈抱；左手翻转前摆，在腹前屈抱，两手上下相对，如在右胸前抱球；重心前移，右脚踏实，左脚收至右脚内侧，脚尖点地；眼看右手。(图13)

(3) 转体上步

上体左转；左脚向左前方迈出一步，脚跟轻轻着地，重心仍在右腿上。(图14)

图 14

(4) 弓步分手

上体继续左转；重心前移，左脚踏实，左腿屈膝前弓；右腿自然蹬伸，右脚跟外展，呈左弓步；同时两掌前后分开，左手分至体前，高与眼平，手心斜向上；右手按在右胯旁，手心向下，指尖向前；两臂微屈；眼看左掌。(图15)

图 15

【教学要点】

(1) 左野马分鬃

① 本式攻防含意是假设对方右手打来，我用右手擒握对方手腕向下采领，左脚插入对方身后，左臂插入对方右腋下，用转腰分靠之力，将对方掀倒。

② 转体和抱手要在转体的带动下协调一致地完成。“抱球”是一个形象的比喻，两臂犹如抱一个气球，既要抱得稳，又不使气球触及身体，故此两臂的动作要松柔圆满，不可过紧过松。右臂高与肩平；肩部放松，肘略低于肩，腕略低

于手，五指微屈，自然分开；前臂与胸部之间的距离保持20~30厘米。左臂的摆动要走弧形，还要伴随着前臂的旋转。定式时左臂也要呈弧形，前臂与腹部距离约10厘米。

③ “右脚收至左脚内侧，脚尖点地”，指的是右脚前掌着地，右腿辅助支撑体重。初学时这样做，有利身体放松和稳定。经过一段时间练习，待动作熟练之后，右脚收向左脚内侧时，脚尖不应点地。右野马分鬃也同样如此。

④ 假设起势时面向南方，左野马分鬃的上步脚尖要朝向东方。在上步时上体转向偏东，弓步时继续转向偏东，两步转体应连贯，中间不可间断。

⑤ 左脚上步时要脚跟先着地，随重心前移全脚踏实。杨式太极拳的步法，要求一腿支撑身体，稳定重心，另一腿轻起轻落，点起点落地迈出，不可落脚沉重，重心过早转移。弓步过程要由腰部旋转，左腿屈弓和右腿后蹬三者协调配合，不可先蹬直右腿，再屈左膝，动作生硬，重心起伏。

⑥ 太极拳的弓步，后腿自然蹬直即可，不能像长拳那样挺劲绷直，但也不可过于放松，膝部出现较大的弯曲。另外，后脚要全脚踏实，不允许出现脚外侧离地（掀脚）和脚后跟离地（拔跟）的现象。本式的弓步前脚方向正东（假设向南起势），后脚斜向东南。两脚横向间应留有20~30厘米宽度，以利重心稳定。

⑦ 定式时左手掌心斜向上，力点在前臂外侧，向左上方“靠”出。此时左肩左肘要松沉，左手要展掌、舒指，体现出沉稳的气势。同时，右手要下采至右胯旁，手心向下，指尖朝前。采到顶点时也要求展掌、舒指、坐腕、沉肩。

⑧ 在完成定式的一瞬间，应有一点四肢膨展，上下伸拔的贯力意念，同时配合呼气下沉。这样可使定式更臻沉稳，虚实变化更为分明。但是，贯力的意念不宜过分，不要故意卖弄，生硬造作。

（2）右野马分鬃

① 转体翘脚时，身体重心平稳地稍后移，与上体左转协调并进。运转过程中，上体要保持正直。重心移动的幅度以左脚可以轻灵地转动，周身上下相随，协调动作为准。

② 抱手收脚时，两手先略放松（由实变虚），随即左掌内旋，右掌外旋，两手翻掌画弧抱球。同时收拢后脚。

③ 收脚时，主要是通过重心前移，转体合胯，以腰腿的力量轻轻地把后脚提起，慢慢地屈膝向前提收，至前脚内侧。

④ 连续上步的步法，是本式的教学重点。教学中，可将弓步和连续上步做

为基本功专门提出来练习，可以收到强化基础，巩固要领的双重功效。

⑤ 其他要点同左野马分鬃。

【易犯错误】

① 第一个野马分鬃由于转体不够，左脚上步落点偏右，造成左弓步两腿“拧麻花”。后面两个弓步容易出现两脚横向宽度不够，形成“走钢丝”的错误。

② 步法沉重急促，拖泥带水。

③ 弓步时后脚跟没有外展后蹬，造成挺胸、侧肩、开胯、敞裆的错误。

④ 腕指过于僵硬或松软。

⑤ 动作中，上体俯仰歪斜或低头弯腰。

（三）白鹤亮翅

1. 跟步抱手

上体稍左转；右脚向前收拢半步，前脚掌轻轻落地，与左脚相距约一脚长；同时两手翻转相对，在胸前屈臂“抱球”。左手在上，手心向下，右手在下，手心向上；眼看左手。（图16）

图 16

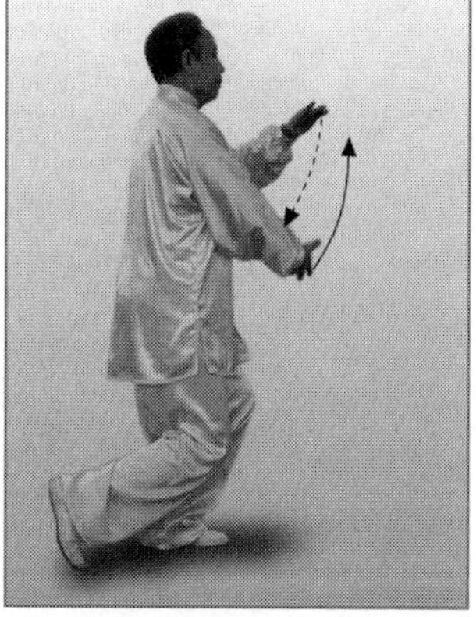

图 17

2. 后坐转体

重心后移，右脚踏实；同时上体后坐，并向右转体；两手开始交错分开，右手上举，左手落下；眼看右手。（图17）

图 18

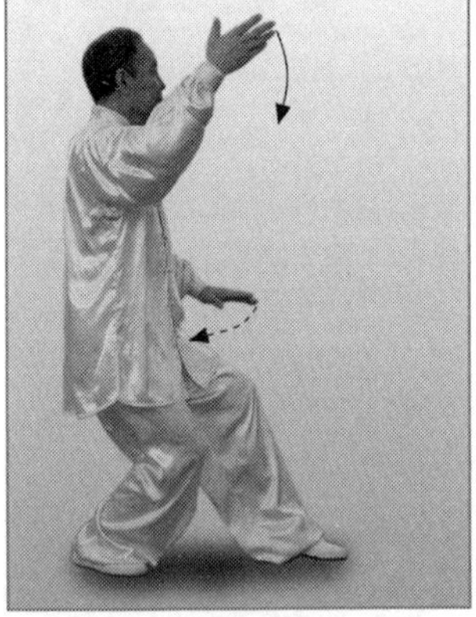

3. 虚步分手

上体转正；左脚稍向前移动，前脚掌着地，成左虚步；同时右手向上分至右额前，掌心向内，左手按在左髋旁；眼平视前方。（图18、图18附）

图 18 附

【教学要点】

① 本式攻防含意是假设对方双手攻来，我用两掌上下分开对方双手，化解其攻势。

② 本式的步型是虚步，步法是跟步。虚步应做到规格正确，上体松正，重心稳定。跟步时，要求步法轻灵，重心移动平稳，两腿虚实转换清楚。

③ 动作过程中应注意腰部的旋转，保证动作协调完整。即右脚前跟时腰部微左转，身体后坐时腰部微右转，最后调整步型时身体再转向正前方。同时眼神要与运动协调配合。跟步抱手时眼看左手；后坐转体时，向右转看右手；最后上体转正，眼平视前方。

④ 随着两手右上左下分开，应注意顶头竖脊，两手分撑，松腰松胯，精神贯注，显示出定式时的沉着与稳定。

【易犯错误】

① 虚步时常出现的错误有：上体后仰，挺髋挺腹；上体前俯，挺胸突臀；前腿膝部挺直，后腿膝部里扣；两脚横向距离过大或过小；两腿虚实不明，重心落于两腿之间。

② 两臂松软，过于弯曲，造成夹腋折臂。

（四）左右搂膝拗步

1. 左搂膝拗步

（1）转腰挥臂

上体稍左转；右手摆至体前，手心转向上；眼看右手。（图19）

图 19

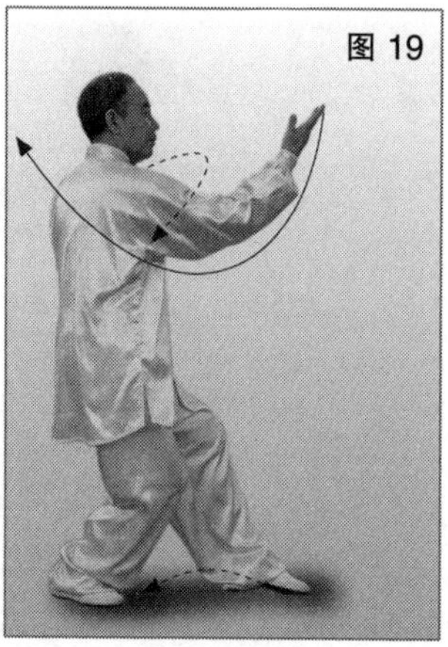

图 20

(2) 摆臂收脚

上体右转；两臂交叉摆动，右手自头前下落，经右胯侧向右后方上举，与头同高，手心向上；左手自左侧上摆，经头前向右划弧落至右肩前，手心向下；左脚回收落在右脚内侧，脚尖点地；头随身体转动，眼看右手。（图20）

图 21

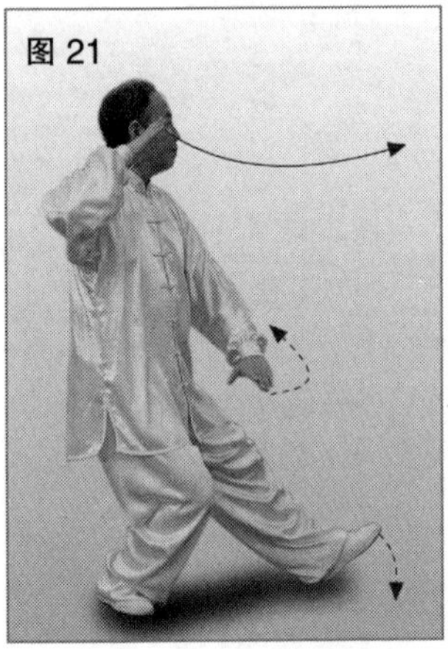

(3) 上步收掌

上体稍左转；左脚向左前方迈出一步，脚跟轻轻落地；右臂屈肘，右手收至肩上头侧，虎口对耳，掌心斜向前；左手落在腹前；眼看前方。（图21）

图 22

(4) 弓步搂推

上体继续左转；重心前移，左脚踏实，左腿屈弓，右腿自然蹬直成左弓步；左手经左膝前向左搂过，按于左腿外侧，掌心向下，指尖向前；右手向前推出，指尖与鼻尖相对，掌心向前，指尖向上，右臂自然伸直，肘微屈；眼看右手。（图22）

2. 右搂膝拗步

(1) 转体撇脚

重心稍后移，左脚尖翘起外撇，上体左转；两臂外旋，开始向左摆动；眼看右手。（图23）

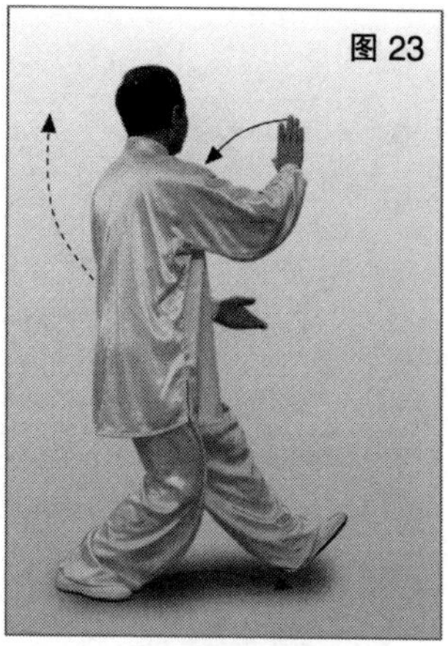
图 23

(2) 收脚摆臂

上体继续左转；重心前移，左脚踏实，右腿收至左脚内侧，脚尖点地；右手经头前画弧摆至左肩前，掌心向下；左手向左上方画弧上举，与头同高，掌心向上，左臂自然伸直，肘微屈；头转看左手。（图24）

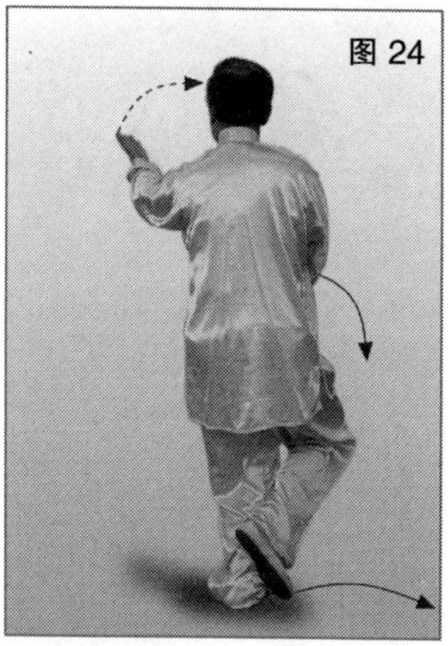
图 24

(3) 上步收掌

上体稍右转；右脚向右前方迈出一步，脚跟轻轻落地；左臂屈肘，左手收至肩上头侧，虎口对耳，掌心斜向前；同时右手下落至腹前，手心向下，肘微屈；头转看前方。（图25）

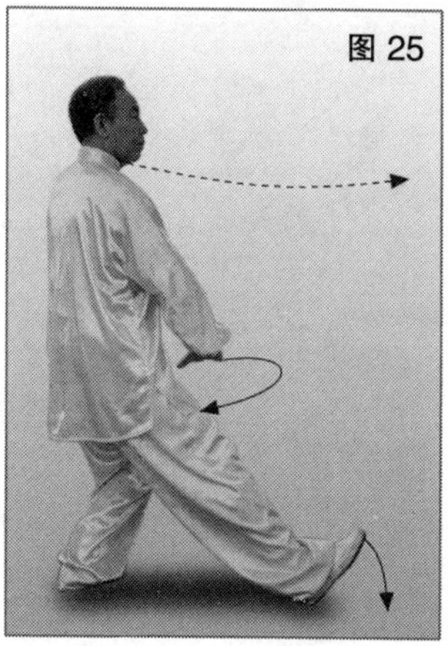
图 25

图 26

(4) 弓步搂推

上体继续右转；重心前移，右脚踏实，右腿屈弓，左腿自然蹬直成右弓步；右手经右膝前上方向右搂过，按于右腿外侧，掌心向下，指尖向前；左手向前推出，指尖与鼻尖相对，掌心向前，指尖向上，左臂自然伸直，肘微屈；眼看左手。（图26）

图 27

3. 左搂膝拗步

(1) 转体撇脚

重心稍后移，右脚尖翘起外撇，上体右转；两臂外旋，开始向右摆动；眼看左手。（图27）

图 28

(2) 收脚摆臂

上体继续右转；重心前移，右脚踏实，左脚收至右脚内侧，脚尖点地；左手画弧，经头前摆至右肩前，掌心向下；右手向右上方画弧上举，与头同高，掌心向上，右臂自然伸直，肘微屈；头转看右手。（图28）

(3) 上步收掌

上体稍左转；左脚向左前方迈出一步，脚跟轻轻落地；右臂屈肘，右手收至肩上头侧，虎口对耳，掌心斜向前；同时左手下落至腹前，掌心向下，肘微屈；头转看前方。（图29）

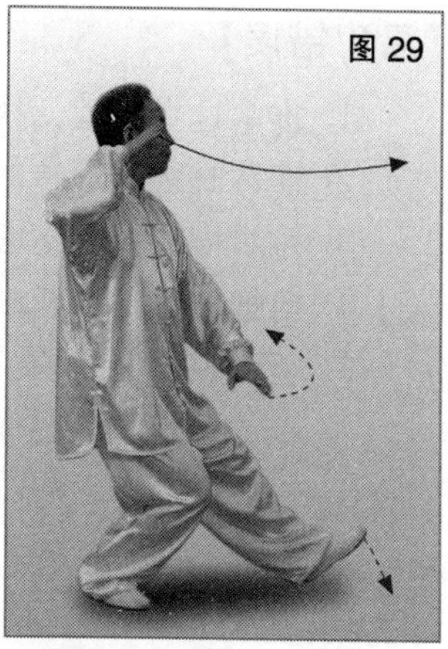
图 29

(4) 弓步搂推

上体继续左转；重心前移，左脚踏实，左腿屈弓，右腿自然蹬伸成左弓步；左手经左膝前上方向左搂过，按于左腿外侧，掌心向下，指尖向前；右手向前推出，指尖与鼻尖相对，掌心向前，指尖向上，右臂自然伸直，肘微屈；眼看右手。（图30）

图 30

【教学要点】

① 本画的攻防用意是：一手搂开对方攻来的手或脚，另一手向前推打攻击。

② 搂膝拗步是手脚左右异侧的拗弓步。为了保证重心的稳定，两脚的左右宽度一定要保持30厘米左右，切忌两脚踩在一条直线上或左右交叉。

③ 在上步过程中，后脚收至支撑脚内侧，脚尖点地，是为了照顾初学者支撑无力，重心不稳设定的举措。一旦动作熟练以后，或者学生能力很强，不需脚尖点地，完全可以取消这一环节，使后脚经过支撑脚内侧时不停不落，连贯稳健地向前迈出。

④ 前推、下搂的两掌和弓腿应同时到位，做到动作上下相随，同步行动。

【易犯错误】

① 推掌过直过远，搂手屈肘后拉，造成肩、臂紧张，上体前俯。

② 摆臂时腰部不转动，单纯地抡摆两臂，动作生硬机械。

③ 弓步横向宽度不够，上体紧张歪扭，重心不稳。

④ 前推、下搂的两掌快慢不一，互不协调。

⑤ 上下脱节，腿快手慢，弓腿已达顶点，两手仍在途中。

图 31

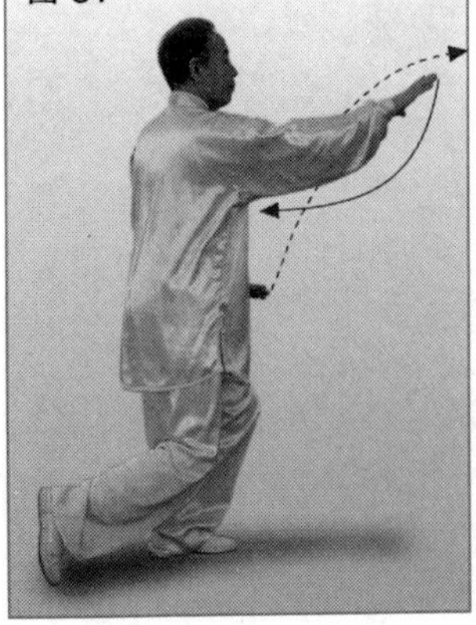

（五）手挥琵琶

1. 跟步展臂

右脚向前收拢半步，脚前掌轻落于左脚后，与左脚相距约一脚长；右臂稍向前伸展，腕关节放松。（图31）

图 32

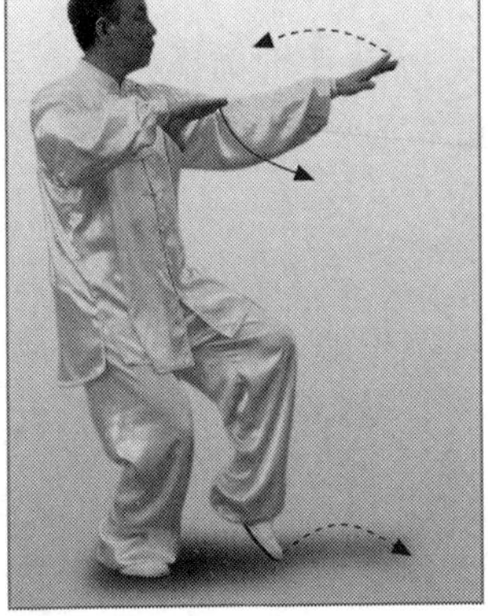

2. 后坐引手

重心后移，右脚踏实，上体右转；左手向左、向上画弧摆至体前，手臂自然伸直，掌心斜向下；右手屈臂后引，收至胸前，掌心斜向上；眼转看左手。（图32）

3. 虚步合手

上体稍向左回转（斜向东南），左脚稍向前移，脚跟着地，呈左虚步；两臂外旋，屈肘合抱，两手前后交错，侧掌合于体前。左手与鼻相对，掌心向右；右手与左肘相对，掌心向左，两臂犹如抱琵琶的样子；眼看左手。（图33）

图 33

【教学要点】

① 本画的攻防用意是合手撅臂。当对方右手打来，我用右手握其腕部，顺势向后牵引。同时左手贴于对方右肘关节处，两手左右合力，用反关节擒拿技法撅折对方右臂。

② 注意身法与手法、步法的协调。后坐引手时，以重心后坐和转体来带动两臂的前摆和后引；在做合手和虚步时，要以身体的向左回转来协调上下肢动作。

③ 定画时，两臂应半屈成弧，舒展圆满。同时还要顶头竖脊，松腰沉气，屈腿落胯，体现出沉稳、挺拔、饱满的气势。

【易犯错误】

① 身法与手法不协调。常出现两种倾向：一是转体过大，动作散乱，上体忽侧忽正，腰肢脱节。二是转体过小，手法飘浮，动作呆板。

② 定画时两臂过分弯曲团缩，夹肋夹腋，动作不展。

③ 虚步俯身突臀，或仰身挺腹。

图 34

（六）左右倒卷肱

1. 右倒卷肱

（1）转腰撤手

上体稍右转；右手随转体向下经腰侧向后上方画弧，右臂微屈，手与头同高，手心翻转向上；左手同时翻转向上停于体前；头随身体转动，眼向右平视。（图34）

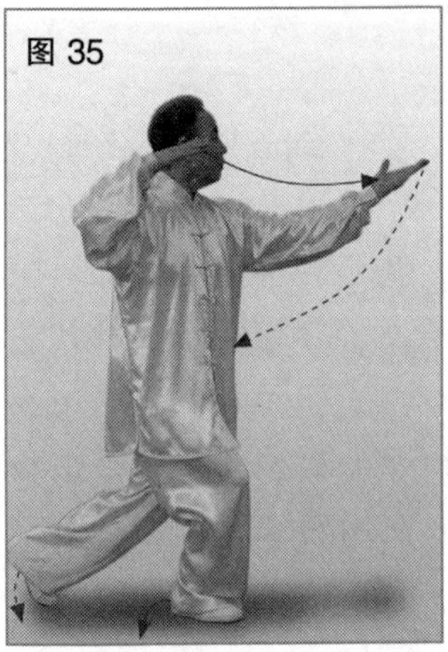
图 35

（2）退步收掌

上体稍左转；左脚提收向后退一步，脚前掌轻轻落地；右臂屈卷，右手收至肩上耳侧，掌心斜向下方；左手松沉，开始后收；眼看左手。（图35）

图 36

（3）虚步推掌

上体继续左转；重心后移，左脚踏实，右脚以脚掌为轴扭直，脚跟离地，右膝微屈成右虚步；右手推至体前，腕与肩同高，掌心向前；左手向后、向下收至左腰侧，手心向上；眼看右手。（图36）

2. 左倒卷肱

图 37

(1) 转腰撤手

上体稍左转；左手向左后上方画弧，与头同高，掌心向上，左臂微屈；右手翻转停于体前；头随身体转动，眼向左平视。(图37)

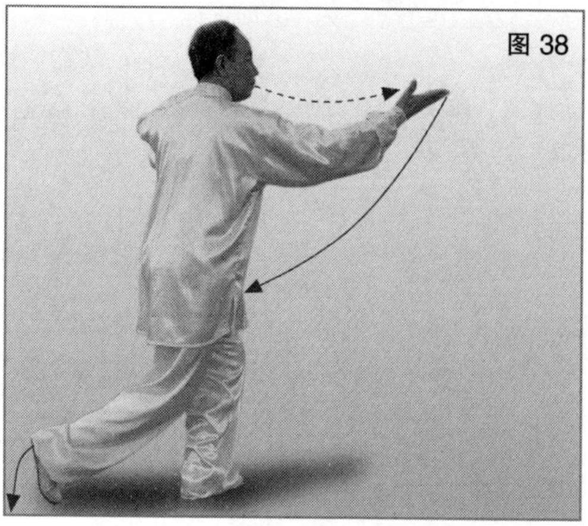

图 38

(2) 退步收掌

上体稍右转；右脚提收向后退一步，脚前掌轻轻落地；左臂屈卷，左手收至肩上耳侧，掌心斜向前下方；右手松沉，开始后收；眼看右手。(图38)

图 39

(3) 虚步推掌

上体继续右转；重心后移，右脚踏实，左脚以脚掌为轴扭直，脚跟离地，左膝微屈成左虚步；左手推至体前，腕与肩同高，掌心向前；右手向后、向下画弧，收至右腰侧，掌心向上；眼看左手。(图39)

图 40

3. 右倒卷肱

(1) 转腰撤手

上体稍右转；右手随转体向后上方画弧，右臂微屈，手与头同高，手心向上；左手翻转停于体前，掌心向上；头随身体转动；眼向右平视。（图40）

图 41

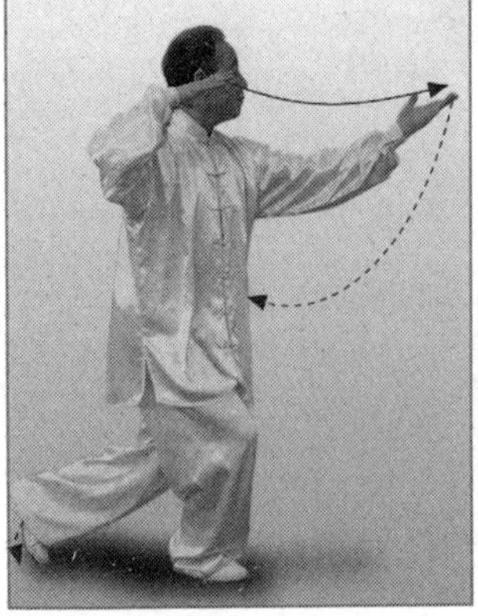

(2) 退步收掌

上体稍左转；左脚提收向后退一步，脚前掌轻轻落地；右臂屈卷，右手收至右肩上耳侧，掌心斜向下方；左手松沉，开始后收；眼看左手。（图41）

图 42

(3) 虚步推掌

上体继续左转；重心后移，左脚踏实，右脚以脚掌为轴扭直，脚跟离地，右膝微屈成右虚步；右手推至体前，腕与肩同高，掌心向前；左手向后、向下画弧，收至左腰侧，手心向上；眼看右手。(图42)

4. 左倒卷肱

(1) 转腰撤手

上体稍左转；左手向左后上方画弧，手与头同高，掌心向上，左臂微屈；右手翻转停于体前，掌心向上；头随身体转动，眼向左平视。(图43)

(2) 退步收掌

上体稍右转；右脚提收向后退一步，脚前掌轻轻落地；左臂屈卷，左手收至肩上耳侧，掌心斜向前下方；右手松沉，开始后收；眼看右手。(图44)

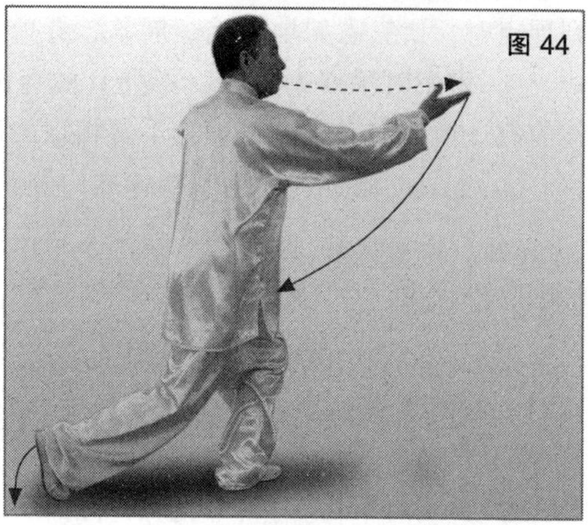

(3) 虚步推掌

上体继续右转；重心后移，右脚踏实，左脚以脚掌为轴扭直，脚跟离地，左膝微屈成左虚步；左手推至体前，腕与肩同高，掌心向前；右手向后、向下画弧，收至右腰侧，掌心向上；眼看左手。(图45)

【教学要点】

① 本式的攻防含意是在退守中反击。以右式为例，假设对方右手攻来，我用左手接住，顺势退步牵引，右手乘机向前击打对方。

② 本式的步法是在虚步基础上的连续退步。学练中要抓住“重心平稳”“点起点落”“轻起轻落”的要点。“重心平稳”是指提腿时身体重心不要升高，落步时重心不要降低，身体不要在退步中出现明显的起伏。“点起点落”“轻起轻落”是指动作轻灵柔和，由点及面。提脚时先提脚跟，落脚时先落脚掌（向前上步时先落脚跟）。不可提脚猛蹬急收，落脚沉重砸地。

③ 卷肱动作应屈肘折臂，避免屈指卷腕，不要把卷肱做成卷腕花。当推掌到顶点时，要有意识地坐腕、展掌、舒指，体现由虚到实的劲力变化。

④ 撤手时手要走弧线，不要直抽直拉。另外，两掌的推撤要协调配合，在体前有一个两掌交错的过程，不要相距太远。

⑤ 本式的眼神，应随着转体先向侧看，再转看前手。

【易犯错误】

① 分不清哪里是定式，造成动作配合混乱。定式应是第三动“虚步推掌”。这时，眼睛注视前手，上体舒展伸拔。有人常常推掌时，头转看后方，手眼脱节。

② 退步时上体歪扭，两腿“拧麻花”。

③ 退步时重心控制不稳，身体过早后坐，造成落脚沉重，脚快手慢，上下不协调。

（七）左揽雀尾

1. 转腰撤手

上体微右转；右手由腰侧向右上方画弧，右臂微屈，手与肩同高，掌心斜向上；左手在体前放松，手心向下；头随身体转动，眼向右平视。（图46）

2. 抱手收脚

右手屈臂抱于右胸前，掌心翻转向下；左手画弧下落，屈抱于腹前，掌心转向上，两手上下相对如“抱球”状；左脚收至右脚内侧，脚尖点地；眼看右手。（图47）

3. 转腰上步

上体微左转，左脚向左前方（东）迈出一步，脚跟轻轻落地；眼看前方。（图48）

图 49

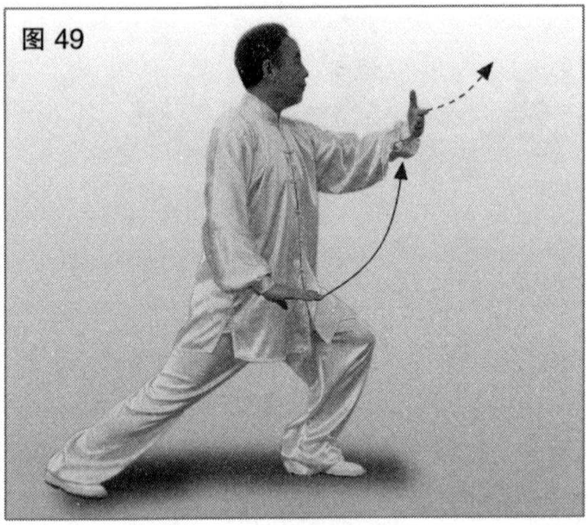

4. 弓步前掤

上体继续左转；重心前移，左脚踏实，左腿屈膝前弓，右腿自然蹬直，呈左弓步；两手前后分开，左臂半屈向体前掤架，腕与肩同高，掌心向内；右手向下画弧按于右胯旁，掌心向下，五指向前；眼看左手。（图49）

图 50

5. 转腰摆臂

上体稍左转；左手向左前方伸出，掌心转向下；同时右臂外旋，右手经腹前向上、向前伸至左前臂内侧，掌心向上；眼看左手。（图50）

图 51

6. 坐腿后捋

上体右转，重心后移，身体后坐，右腿屈膝，左腿自然伸直；两手同时向下经腹前向右后方画弧后捋，右手举于身体侧后方，与头同高，掌心向外；左臂平屈于胸前，掌心向内；头随体转，眼看右手。（图51）

7. 转腰搭手

上体左转，正对前方；右臂屈肘，右手收至胸前，搭于左腕内侧，掌心向前；左前臂仍屈收于胸前，掌心向内，指尖向右；眼看前方。（图52）

图 52

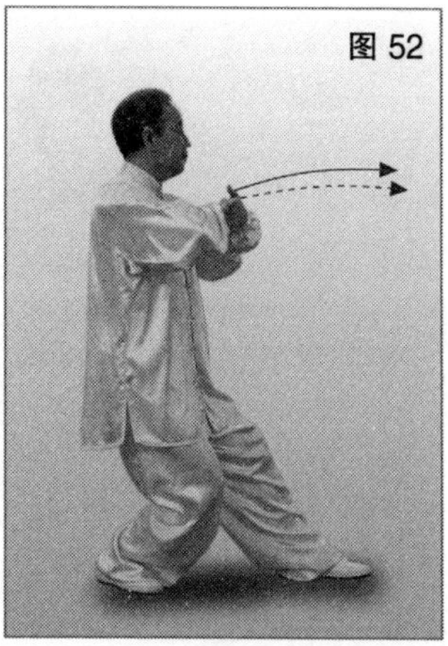

8. 弓步前挤

重心前移，左腿屈弓，右腿自然蹬直成左弓步；右手推送左前臂向体前挤出，与肩同高，两臂撑圆；眼看前方。（图53）

图 53

9. 后坐引手

重心后移，上体后坐，右腿屈膝，左腿自然伸直，左脚尖翘起；左手翻转向下；右手经左腕上方向前伸出，掌心也转向下。两手左右分开与肩同宽，两臂屈收，两手后引，经胸前收到腹前，手心斜向下；眼向前平视。（图54）

图 54

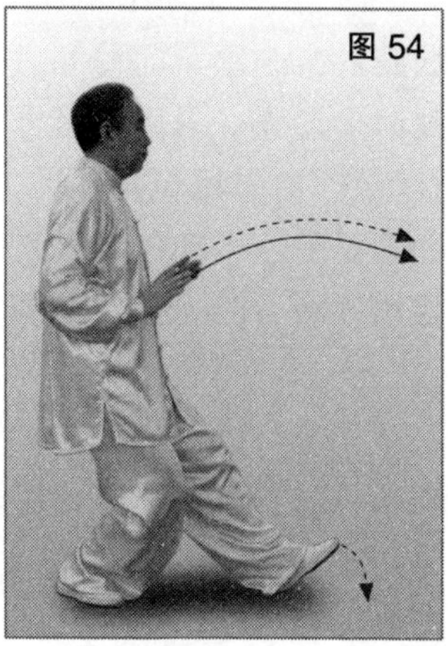

图 55

10. 弓步前按

重心前移，左脚踏实，左腿屈弓，右腿自然蹬直成左弓步；两手沿弧线推按至体前，两腕与肩同高、同宽，两掌心向前，指尖向上；眼看前方。（图55）

【教学要点】

① 揽雀尾包括了太极拳中 掤、捋、挤、按四种最基本的攻防手法。掤的含意是屈臂向前迎架对方，好像筑起一道防线挡住对方，静观其变，术语叫“听劲”。捋是当对手攻来，我一手扼其腕，另一手附于其肘，坐腿转腰，顺势牵引，使对手扑空。捋不是强拉，而是借力使力，引进对手落空。挤是当对手抽身后退之际，我用前臂贴紧对方，用挤压之力攻击对手。按的原意是向下用力，但在太极拳中常在引进对方之后，先向下沉压，使对方有上抗之势，我乘对方重心上升时快速向前发力推放，这种先引压再推放的手法称为前按或按。

② 重视上下肢的配合。掤、挤、按时要与弓腿协调一致；捋手和引手要与屈腿后坐一致。前弓和后坐时，重心移动要充分，同时要保持上体松正舒展。弓腿时要顶头、沉肩、竖脊、展背；坐腿时要松腰、敛臀、屈膝、落胯。

③ 揽雀尾包括 掤、捋、挤、按四个分式。每个分式完成时，肢体要膨展，劲力要贯注，动作要沉稳，要体现出动作由虚到实的变化。然而，太极拳的动作绵绵不断，前一个式子的完成是后一个式子的开始，所以拳式之间既要有虚实转换，又不可间断，需做到式变劲不断，劲变意不断。

④ 本式的步型是顺弓步，两脚间的横向距离以不超过10厘米为宜。第二动抱手收脚，应逐渐做到提收后脚尖不点地。

⑤ 做前 掤时，转体分手和屈膝弓腿要同时到位。后捋时，两臂要与腰部旋

转协调一致。捋式完成时，两手向侧后方斜向45度。后坐引手时，左脚尖翘起，左腿膝部不要挺直，上体勿挺腹后仰。同时，两手保持与肩同宽，收至胸前。弓步前按时，两手要沿弧线向上、向前推按。

【易犯错误】

① 前掤和前挤时，两臂不松展，出现紧张夹腋或松软无力。
② 前弓和后坐过程中，后脚脚跟随意扭动，全脚不能踏实地面。
③ 前按时两手向两侧分开画弧，或两掌自下画弧上挑。
④ 手脚配合不协调，腿快手慢或手快腿慢。

（八）右揽雀尾

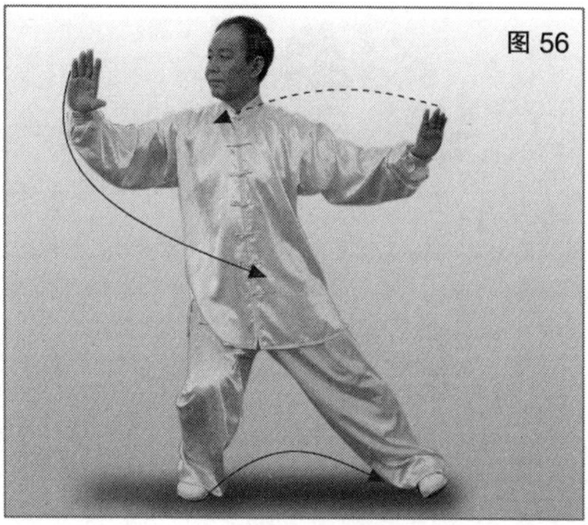
图 56

1. 转体分手

重心后移，上体右转，左脚尖内扣；右手经头前画弧右摆，掌心向外，两手平举于身体两侧；头及目光随右手移转。（图56）

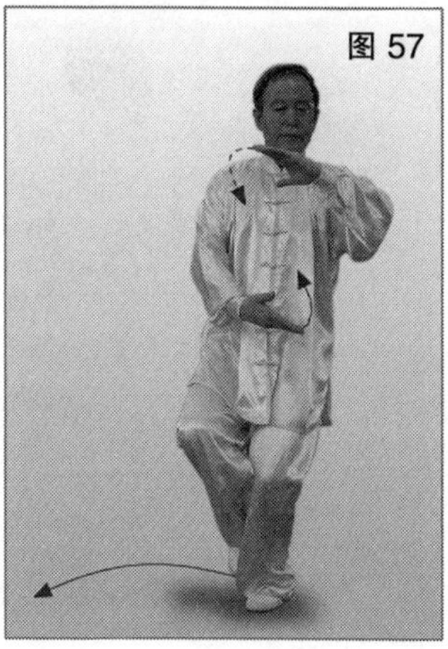
图 57

2. 抱手收脚

左腿屈膝，重心左移，右脚收至左脚内侧，脚尖点地；左手屈抱于左胸前，手心向下；右手屈抱于腹前，手心向上，两手上下相对，在左胸前“抱球”；眼看左手。（图57）

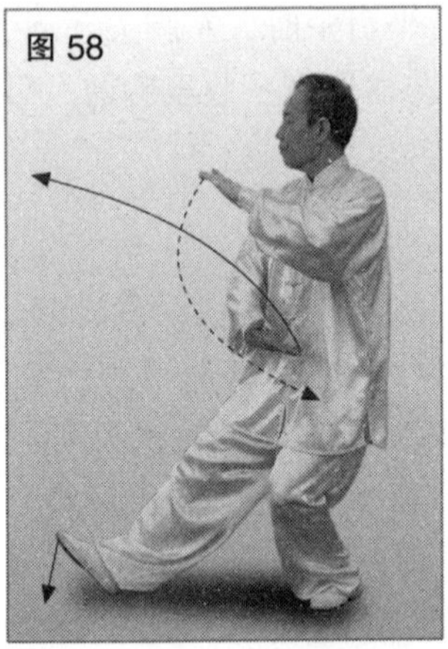

3. 转腰上步

上体微右转，右脚向右前方（西）迈出一步，脚跟轻轻落地；眼看前方。（图58）

4. 弓步前掤

上体继续右转，重心前移，右脚踏实，右腿屈膝前弓，左腿自然蹬直，呈右弓步；两手前后分开。右臂半屈向体前掤架，腕与肩同高，掌心向内；左手向下画弧按于左胯旁，手心向下，指尖向前；眼看右手。（图59）

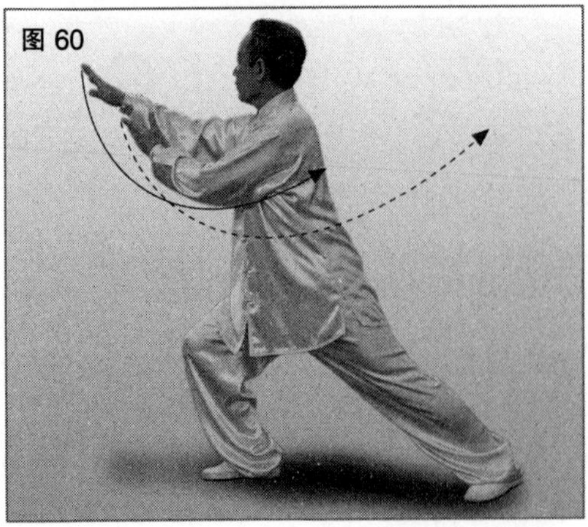

5. 转腰摆臂

上体稍右转；右手向右前方伸出，掌心转向下。同时左臂外旋，左手经腹前向上、向前伸至右前臂内侧，掌心向上；眼看右手。（图60）

6. 坐腿后捋

图 61

上体左转，重心后移，身体后坐，左腿屈膝，右腿自然伸直；两手同时向下经腹前向左后方画弧后捋，左手举于身体侧后方，与头同高，掌心向外。右臂平屈于胸前，掌心向内；头随体转，眼看左手。（图61）

7. 转腰搭手

图 62

上体右转，正对前方；左臂屈收，左手收至胸前，搭于右腕内侧，掌心向前，右前臂仍屈于胸前，掌心向内，指尖向左；眼看前方。（图62）

8. 弓步前挤

图 63

重心前移，右腿屈弓，左腿自然蹬伸成右弓步；左手推送右前臂向体前挤出，与肩同高，两臂撑圆；眼看前方。（图63）

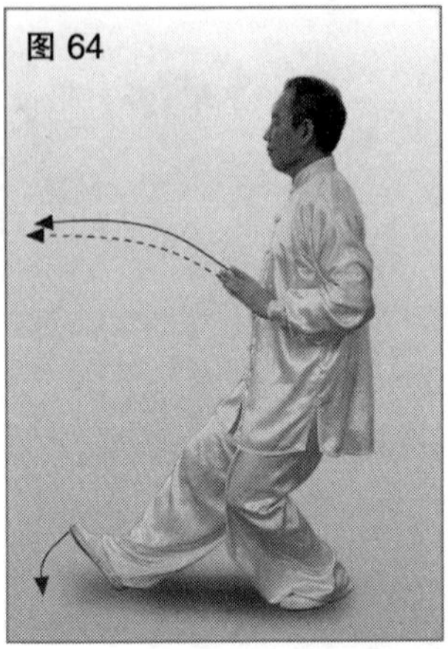
图 64

9. 后坐引手

重心后移，上体后坐，左腿屈膝，右腿自然伸直，右腿尖翘起；右手翻转向下，左手经右腕上方向前伸出，掌心也转向下。两手左右分开与肩同宽，两臂屈收，两手后引，经胸前收到腹前，手心斜向下；眼向前平视。（图64）

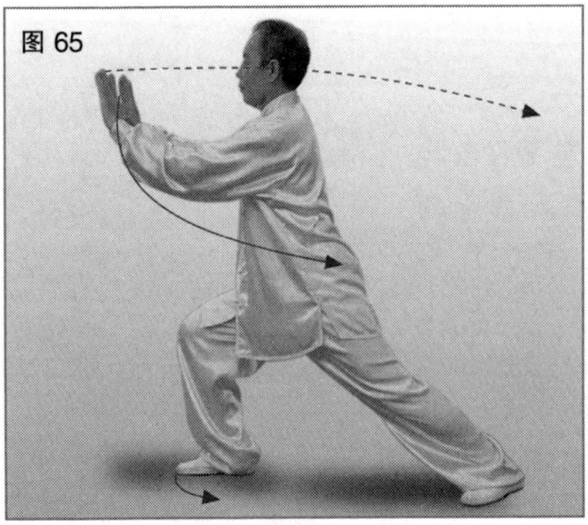
图 65

10. 弓步前按

重心前移，右脚踏实，右腿屈弓，左腿自然蹬直成右弓步；两手沿弧线推按至体前，两腕与肩同高、同宽，两掌心向前，指尖向上；眼看前方。（图65）

【教学要点】

① 转体分手时，右腿屈膝落胯，左脚尽力内扣，上体保持中正，重心不可升高。右手随转体水平向右画弧，两手分开约120度。此时左手不要随之右摆。

② 其余要点与“左揽雀尾”相同。

【易犯错误】

① 身体右转时左脚尖内扣不充分，影响右脚上步，方向不正，上体紧张歪扭。

② 转身分手时右腿屈蹲不充分，造成上体前俯，重心升高。

③ 同左揽雀尾。

（九）单　　鞭

1. 左转摆臂

重心左移，上体左转，右脚尖内扣；两臂交叉运转，左手经头前向左画弧摆至身体左侧，掌心向外；右手经腹前向左画弧摆至左肋前，掌心转向腹部；视线随左手运转。（图66）

图 66

2. 右转摆臂

上体右转，重心右移，右腿屈膝，左腿伸直；右手向上向右画弧，经头前摆至右肩前，掌心向内；左手向下、向右画弧摆至腹前，掌心转向内；视线随右手移转。（图67）

图 67

3. 勾手收脚

左脚收至右脚内侧，脚尖点地；右手伸向身体右前方（西南），五指捏拢成勾手，勾尖朝下，肘微屈，腕高与肩平；左手向上画弧至右肩前，掌心向内；眼看勾手。（图 68）

图 68

图 69

4. 转体上步

上体左转；左脚向左前方（东偏北）迈出一步，脚跟落地；左手经面前向左画弧，掌心向内；眼看左手。（图69）

图 70

5. 弓步推掌

上体继续左转，重心前移，左脚踏实，左腿屈弓，右腿自然蹬直，脚跟外展，呈左弓步；左手经面前翻转向前推出，腕与肩同高，左肘与左膝上下相对；右勾手举于右后方（西南），腕与肩同高；眼看左手。（图70）

【教学要点】

① 本式的攻防用意是用右勾手钩住对方手腕，左手像钢鞭一样攻击对方。

② 单鞭的弓步应斜向左前方（东偏北）不超过30度。两脚的左右宽度约10厘米。左臂、左腿的方向一致。勾手伸举方向为斜后方45度。

③ 身体左右转动时，重心移动要充分，两腿虚实要分明。

④ 推掌时，随着上体左转，左腿前弓，左手边翻掌边向前推出，到达顶点时，配合松腰、松胯、沉气，同时沉腕、展掌、舒指。

⑤ 动作熟练时，收脚后脚尖不需点地。

【易犯错误】

① 勾手时，腕关节绕转，形成“腕花”；五指先后不一，捏拢不同时；腕关节僵直，勾尖向后。

② 弓步时，右脚跟蹬转不够，造成开裆展胯，上体侧倾。

③ 定式时，出现挺胸塌腰或身体前俯。

（十）云　手

1. 转体摆掌

重心后移，上体右转；左脚尖内扣，右腿屈蹲；左手向下、向右画弧，经腹前摆至右肩前，掌心向内；右勾手松开变掌，掌心向外；眼看右手。（图71）

图 71

2. 左云并步

上体左转，重心左移；右脚向左并拢半步，脚前掌先着地，随之全脚踏实，两腿屈膝半蹲，两脚平行，脚尖向前，两脚相距10~20厘米；左手向上经头前向左画弧云转，掌心渐渐翻转向外。右手向下经腹前向左画弧云转，掌心渐渐翻转向内。左掌停于身体左侧，高与肩平，右手停于左肩前；视线随左手转移。（图72、图73）

图 72

图 73

图 74

图 75

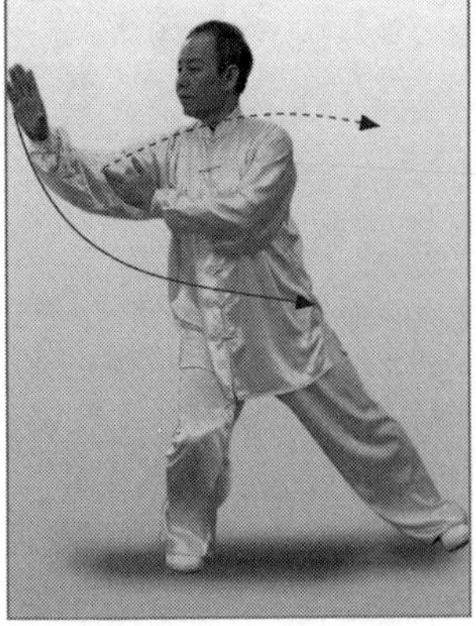

3. 右云开步

上体右转，重心右移；左脚向左横开一步，脚前掌先着地，随之全脚踏实，脚尖向前；右手经头前向右画弧云转，掌心逐渐翻转向外，左手向下经腹前向右画弧云转，掌心逐渐翻转向内。右掌停于身体右侧，高与肩平，左掌停于右肩前；视线随右手转移。（图74、图75）

4. 左云并步

上体左转，重心左移；右脚向左并拢半步，脚前掌先着地，随之全脚踏实，两腿屈膝半蹲，两脚平行，脚尖向前，两脚相距10~20厘米；左手经头前向左画弧云转，掌心渐渐翻转向外；右手向下经腹前向左画弧云转，掌心渐渐翻转向内。左掌停于身体左侧，高与肩平，右掌停于左肩前；视线随左手转移。（图76、图77）

图 76

图 77

5. 右云开步

上体右转，重心右移；左脚向左横开一步，脚前掌先着地，随之全脚踏实，脚尖向前；右手经头前向右画弧云转，掌心渐渐翻转向外；左手向下经腹前向右画弧云转，掌心渐渐翻转向内。右掌停于身体右侧，高与肩平，左掌停于右肩前；视线随右手转移。（图78、图79）

图 78

图 79

图 80

图 81

6. 左云并步

上体左转，重心左移；右脚向左并拢半步，脚前掌先着地，随之全脚踏实，两腿屈膝半蹲，两脚平行，脚尖向前，两脚相距10~20厘米；左手经头前向左画弧云转，掌心渐渐翻转向外；右手向下经腹前向左画弧云转，掌心渐渐翻转向内。左掌停于身体左侧，高与肩平，右掌停于左肩前；视线随左手转移。（图80、图81）

【动作要点】

① 云手是防守动作，用前臂或手拨开对方的攻击。对方如果连续进攻，我则用云手连续向左向右破坏对方攻势。

② 此式的重点是以腰为轴，转腰带手，身手合一。两手的云转摆动要与重心的移动、腰的旋转和侧行步法协调配合，手、眼、身、步完整一体。两臂的旋转和脚步的移动要轻柔渐进，同步到位。

③ 本式的并步不是两脚并拢，而是小开步，要求两脚平行向前，相距10~20厘米。

④ 云手的步法是侧行步，做侧行步时要注意以下各点：

第一，要掌握“点起点落”“轻起轻落”的步法规律。在侧行中，左脚轻灵地提起向左分开，右脚轻灵地向左并拢落地。两腿轮换支撑体重，重心移动要充分，两腿虚实要分明。

第二，步幅要适度。侧行步的步幅是一腿屈膝支撑体重，另一腿自然伸直横向迈出一步。

第三，移步时要立身中正，上体不可俯仰歪斜或摆晃。

第四，重心平稳。始终保持拳架的同一高度，身体不可起伏。

⑤ 云手手法是两手交错向左或向右画立圆，同时伴随旋臂翻掌。手臂经过头前画圆时应半屈成弧，距头不要过近。向下画圆时，肘微屈，臂自然伸直。

【易犯错误】

① 侧行步呈现“八字脚”或两脚靠拢并紧。

② 眼神随视上手云转时，没有张弛变化，始终紧张、死板地盯着手掌。

③ 腰不旋转，单纯两臂抡摆。

④ 腰腿动作与手臂的动作没有协调配合，上下脱节，扭摆腰胯。

图 82

（十一）单　鞭

1. 转体勾手

上体右转，重心移向右腿，左脚跟提起；右手经头前向右画弧，至右前方（西南）时，掌心翻转变勾手；左手向下经腹前向右画弧至右肩前，掌心转向内；眼看勾手。（图82、图83）

图 83

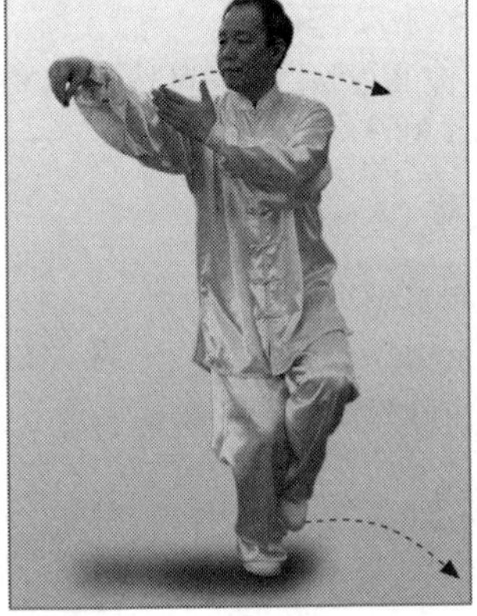

图 84

2. 转体上步

上体左转；左脚向左前方（东偏北）上步，脚跟落地；左手经面前向左画弧，掌心向内；眼看左手。（图84）

3. 弓步推掌

上体继续左转；重心前移，左脚踏实，左腿屈弓，右腿自然蹬直，脚跟外展，呈左弓步；左手经面前翻转向前推出，腕与肩平，左肘与左膝上下相对；右勾手举于侧后方（西南），腕与肩平；眼看左手。（图85）

教学要点、易犯错误与（九）单鞭相同。

图 85

（十二）高探马

1. 跟步收脚

后脚向前收拢半步，脚前掌着地，距前脚约一脚长；眼看左手。（图86）

图 86

2. 后坐翻掌

上体稍右转；重心后移，右脚踏实，右腿屈坐，左脚跟提起；右勾手松开，两手翻转向上，两臂前后平举，肘关节微屈；眼看右手。（图87）

图 87

图 88

3. 虚步推掌

上体左转，右脚向前移动，脚前掌着地，呈左虚步；右手屈收，经头侧再向前推出，腕与肩同高，手心向前；左臂屈收，左手收至腹前，掌心向上；眼看右手。（图88）

【教学要点】

① 高探马的攻防含意是：当对方右手攻来，我用左掌粘住其腕，顺势向下向后捋带，右掌乘势扑打对方面部，又称“扑面掌”。

② 虚步推掌应在转腰顺肩的配合下完成。身体保持中正、舒展。

③ 本式和倒卷肱的区别是：本式虚步为拗步，左脚在前，右手进攻；倒卷肱虚步为顺步。本式右手扑面，左手收至腹前；倒卷肱右手击胸，左手收于腰侧。

【易犯错误】

① 后坐翻掌时，过分转头看右手，造成头颈紧张。

② 定式时两腿伸直，重心升高。

③ 两臂靠紧身体，夹肋紧腋。

图 89

（十三）右蹬脚

1. 收脚穿手

左脚提收至右踝内侧；右手稍向后收，左手经右手背向右前方穿出，两手交叉，腕关节相交，左掌心斜向上，右掌心斜向下；眼看左手。（图89）

2. 上步翻掌

上体左转；左脚向左前方（东偏北30度）迈出，脚跟着地；左手内旋，两手虎口相合举于头前，手心皆向外；眼看左手。（图90）

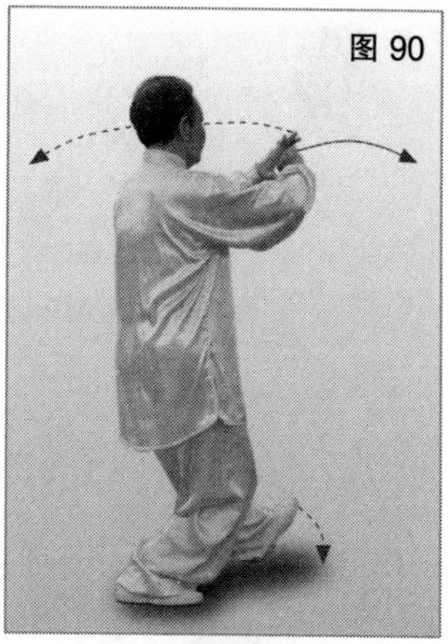
图 90

3. 弓腿分手

重心前移，左脚踏实，左腿屈弓，右腿自然蹬直；两手同时向左右分开，掌心向外，两臂外撑；眼看右手。（图91）

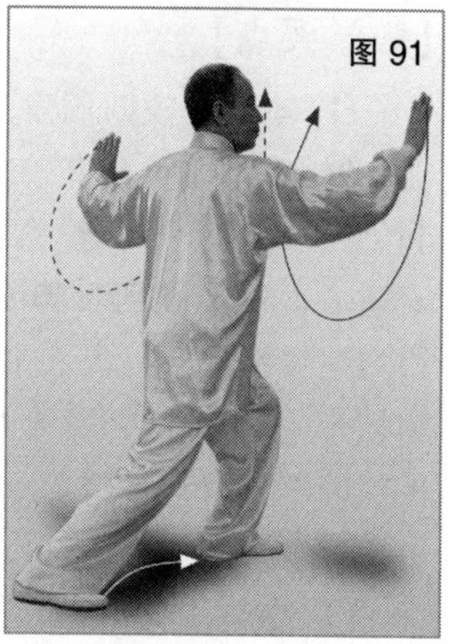
图 91

4. 收脚抱手

右脚收至左脚内侧，脚尖点地；两手向腹前式弧相交合抱，举至胸前，右手在外，两掌心皆向内；眼看右前（东偏南）方。（图92）

图 92

图93

5. 蹬脚分手

左腿支撑，右腿屈膝上提，右脚脚尖上勾，脚跟用力慢慢向右前上方蹬出。左腿微屈，右腿伸直；两手手心向外撑开，两臂展于身体两侧，肘关节微屈，两腕与肩平。右腿与右臂上下相对，方向为右前方约30度；眼看右手。（图93）

【教学要点】

① 本式的攻防用意是用手拨开对方的进攻，随即用脚蹬踹对方。

② 蹬脚要求具有较高的腿部柔韧性和支撑平衡能力。学练时重点抓住“稳”和“协调”两个关键。要做到“稳”，首先收脚时要稳，初学者利用脚尖点地稳定重心，逐步做到收脚不落地也能控制好重心。其次，提膝、蹬脚的动作要稳，要匀速缓慢，不可失去平衡。为此要不断加强基本功的操练，提高桩步的稳固性和韧带柔韧性。要做到“协调”应抓住六个“一致”。即：穿掌与收脚一致、上步与翻手一致、弓腿与分手一致、收脚与抱手一致、提膝与举抱一致、蹬脚与分手撑臂一致。抓住了这六个“一致”，整个动作就会协调。

③ 本式手臂的动作较为复杂。在“穿掌—分手—合抱—撑开”的整个过程中，双手两次交叉和分开，在教学中应将画弧的路线、方向、前臂的旋转等细节交代清楚。穿掌应随着转体收脚，左手经右手背向前上方伸穿，两腕交叉，与肩同高，两臂分手与抱手，是一个完整的两臂立圆回环过程。分手时，两手边内旋翻掌，边向左右画弧分开。合抱时，两手不停顿地边外旋翻掌，边向下画弧经腹前交叉合抱举于胸前；第四动分手外撑动作，两手向右前和左后方画弧，举手不要超过头的高度，分撑后两臂微屈，顶头沉肩，上体自然中正。

④ 眼神处理应是：穿手时眼看左手；分手时眼看右手；抱手时眼看右前方蹬脚方向；蹬脚时眼看右手。

⑤ 定式时顶头立腰，蹬脚高于水平，重心保持稳定。初学者一时做不到，不必勉强。教师应因人而异，循序渐进地提出要求。

【易犯错误】

初学者在做此式时容易出现的错误较多：

① 单腿支撑不稳，身体摇晃。

② 上体后抑或前倾。

③ 撑开的两臂一高一低。

④ 独立的左腿过于弯曲。

⑤ 右臂和右腿上下不相对应。

⑥ 肩部上耸，胸部紧张憋气。

⑦ 弯腰低头。

（十四）双峰贯耳

1. 收脚并手

右腿屈膝回收，脚尖自然下垂；左手经头侧向体前画弧，与右手并行落于右膝上方，掌心皆向上，指尖向前；眼看前方。（图94）

图 94

图95

2. 落脚收手

右脚向右前方下落上步，脚跟着地，脚尖斜向右前方（东偏南30度）；两手收至两腰侧，掌心向上。（图95）

图96

3. 弓步贯拳

重心前移，右腿踏实，右腿屈弓，左腿自然蹬直，呈右弓步；两手握拳经两侧向上、向前画弧摆至头前，两臂半屈成弧，两拳相对成钳形，相距同头宽，前臂内旋，两拳眼斜向下；眼看前方。（图96）

【教学要点】

① 本式的用意是两拳自腰间经体侧向前上方画弧摆打，横击对方额角，力量在拳面。

② 定式方向应与右蹬脚的方向一致。

③ 落脚前支撑的左腿先屈蹲，降低重心，然后右脚再向前上步落地。

④ 贯拳时力点在拳面，两拳眼斜向下，立身中正，沉肩坠肘。

【易犯错误】

① 贯拳时两臂平直，拳眼相对。

② 定式时耸肩缩脖，低头拱背，俯身突臀。

③ 握拳过紧或过松。

（十五）转身左蹬脚

1. 转体分手

重心后移，上体左转；左腿屈坐，右腿伸直，脚尖内扣；两拳松开，左手经头前向左画弧，两臂微屈举于身体两侧，两掌心向外；眼转看左手。（图97）

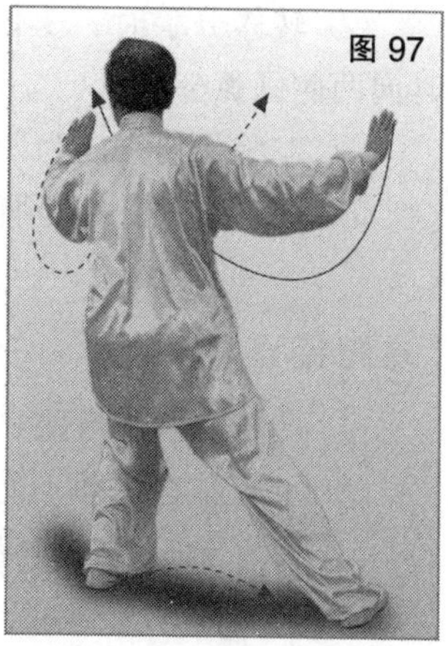

图 97

2. 收脚抱手

重心右移，右腿屈膝后坐，左脚收至右脚内侧，脚尖点地；两手向下画弧，于腹前交叉合抱，举至胸前，左手在外，手心皆向内；眼看左前方。（图98）

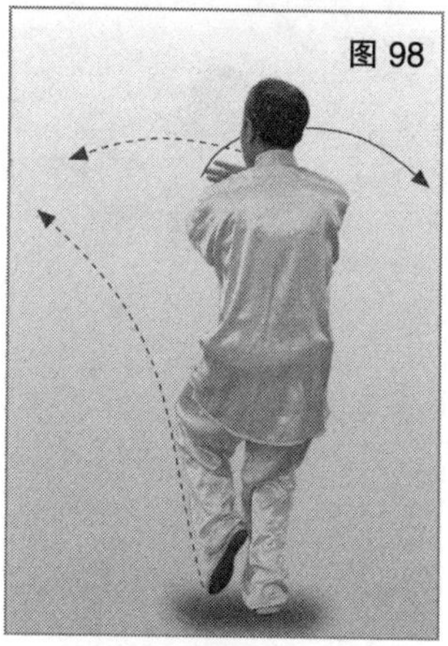

图 98

3. 蹬脚分手

右腿支撑，左腿屈膝高提，左脚脚尖上勾，脚跟用力向左前上方（西偏北30度）慢慢蹬出；两臂内旋，两掌心转向外，两手向左前方和右后方画弧分开，两臂微屈举于身体两侧；左腿蹬直，与左臂上下相对；眼看左手。（图99）

图 99

【教学要点】

① 本式的攻防含意是，对手自后面进攻，我转身向后，用脚蹬踹对方。

② 转体分手时，上体保持正直，右脚尽量内扣，重心移动要充分，两手同时向两侧画弧分开。

③ 左蹬脚的方向为西偏北约30度。

④ 同（十三）右蹬脚。

【易犯错误】

① 转身时低头弯腰，身体前俯。

② 重心左右移动不充分，两腿虚实不清。

③ 同（十三）右蹬脚。

图 100

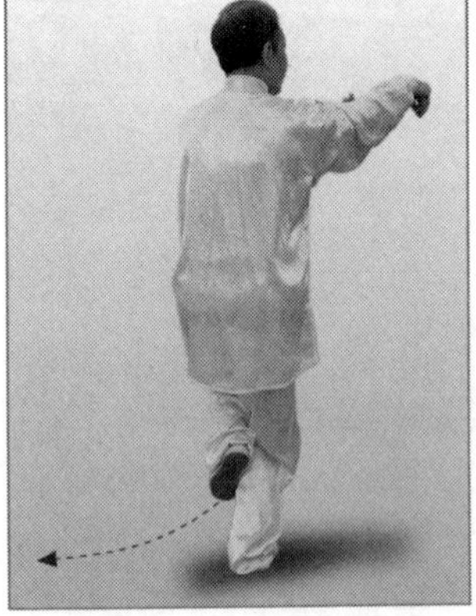

（十六）左下势独立

1. 收脚勾手

左腿屈收，左脚下落收于右踝内侧；上体右转；右臂稍内合，右手捏成勾手，勾尖朝下；左手经头前画弧摆至右肩前，掌心向右，指尖向上；眼看右勾手。（图100）

图 101

2. 屈蹲开步

右腿屈膝半蹲，左脚脚前掌落地，沿地面向左侧伸出，随即全脚踏实，左腿伸直；左手落于右肋前；眼看勾手。（图101）

3. 仆步穿掌

右腿屈膝全蹲，上体左转成左仆步；左手经腹前沿左腿内侧向左穿出，掌心向外，指尖向左；眼看左手。（图102）

图 102

4. 弓腿举手

重心移向左腿；左脚尖外撇，左腿屈膝前弓；右脚尖内扣，右腿自然蹬伸，重心恢复至弓步高度；左手继续前穿并向上举至体前；右勾手内旋，背于身后，勾尖朝上；眼看左手。（图103）

图 103

5. 独立挑掌

上体左转，重心前移；右腿屈膝前提，脚尖自然下垂；左腿微屈独立支撑，呈左独立步；左手下落按于左胯旁；右勾手变掌，经体侧向前挑起，掌心向左，指尖向上，高与眼平；右臂半屈成弧，肘关节与右膝上下相对；眼看右手。（图104）

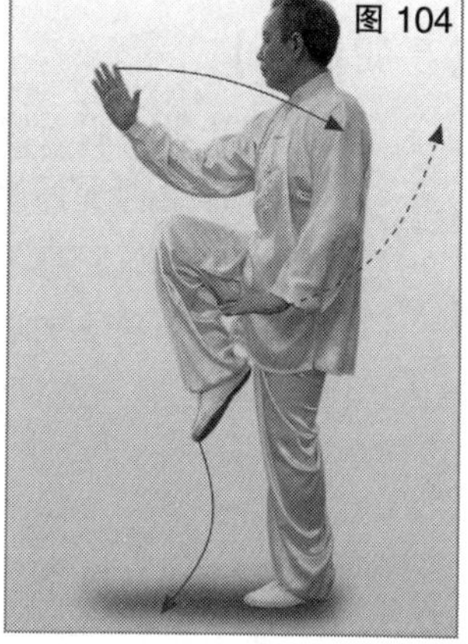
图 104

【教学要点】

① 本式攻防含意有两个：

其一仆步穿掌。当对方左手打来，我用右勾手钩住其腕，随之蹲身下势，左腿、左掌插入对方裆内进攻。

其二独立挑掌。对方右手打来，我用左掌挑开对方，随即右腿屈提，用膝关节撞顶对方腹部或裆部。

② 教学中应抓住两个重点：一是仆步步型要正确，二是重心升降和移动要平稳连贯。为了使仆步转独立步时身体平稳过渡，仆步的两脚前后应保持一脚长的距离，以仆出腿的脚尖和下蹲腿的脚跟置于中轴线上为宜。当向前弓腿起身时，两脚要注意尽量外撇和内扣，这样有利于轻松地完成提腿独立。

③ 仆步前先把左脚收靠在右踝内侧。初学时可以收脚点地，稳定重心，逐渐过渡为脚不着地。此时视线随左手右移，转看右勾手，勾手的方向是侧后方(东北) 约45度。

④ 左脚开步时应沿地面向左伸出。仆步完成后右腿全蹲，左腿伸直，两脚全脚掌踏实地面。

⑤ 向左穿掌时，左臂先屈后伸，上体微向前倾，以助其势。

⑥ 定式时，右臂要半屈撑圆，左手下按，左臂微屈。右腿独立，微屈站稳，右腿前提，大腿高于水平。上体保持正直、舒展。

【易犯错误】

① 屈蹲开步时眼看左侧，转头过早。

② 仆步时左脚掌外侧“掀脚”，右脚跟离地“拔跟”。

③ 仆步时右腿屈蹲不到位，出现弯腰、抬臂、低头等错误。

④ 由仆步转独立时，右脚不是脚尖内扣，而是后蹬脚跟，致使两腿距离过大，屈膝提腿困难。或是左脚没有充分外撇，造成上体歪扭，独立不稳。

（十七）右下势独立

1. 落脚勾手

图 105

右脚落于左脚右前方，脚前掌着地；上体左转至正南，左脚以脚掌为轴随之扭转；左手变勾手提举于身体左前方（东南），高与肩平；右手经头前向左画弧摆至左肩前，掌心向左；眼看左勾手。（图105）

2. 屈蹲开步

图 106

右脚提起至左踝内侧，然后以脚前掌落地，沿地面向右伸出，随即右腿伸直，右脚全脚踏实；右手落至左肋前；眼看左勾手。（图106）

3. 仆步穿掌

图 107

左腿屈膝全蹲，上体右转呈右仆步；右手经腹前沿右腿内侧向右穿出，掌心向外，指尖向右；眼看右手。（图107）

图 108

4. 弓腿举手

重心移向右腿；右脚尖外撇，右腿屈膝前弓；左脚尖内扣，左腿自然蹬直，重心恢复至弓步高度；右手继续前穿并向上举至体前；左勾手内旋，背于身后，勾尖向上；眼看右手。（图108）

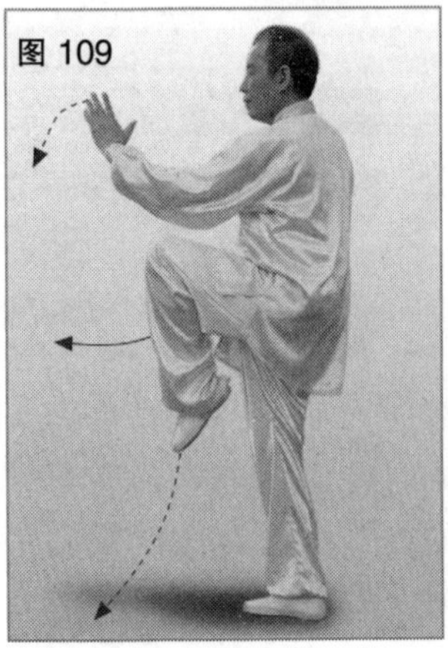
图 109

5. 独立挑掌

上体右转，重心前移；左腿屈膝前提，脚尖向下；右腿微屈独立支撑，呈右独立步；右手下落按于右胯旁，左勾手变掌，经体侧向体前挑起，掌心向右，指尖向上，高与眼平；左臂半屈成弧，肘关节与左膝相对；眼看左手。（图109）

【教学要点】

① 右脚应落在左脚右前方约20厘米处，当左脚跟内转之后，右脚的位置恰在左脚弓内侧。

② 向左转身时，身体重心应始终在左腿上。

③ 右脚开步时应先提起再向右伸出，不要直接擦地而出。

④ 同（十六）左下势独立。

【易犯错误】

① 落脚转身时重心移向右腿，转身后重心再移向左腿。

② 落脚转身时右手向下画弧，经腹前摆至左肩前。

③ 参见（十六）左下势独立。

（十八）左右穿梭

1. 右穿梭

（1）落脚翻掌

左脚向左前方落步，脚跟着地，脚尖外撇；上体左转，左手内旋，手心翻转向下；眼看左手。(图110)

图 110

（2）收脚抱手

上体左转，右脚收于左踝内侧；两手在左肋前上下相抱，左手心向下，右手翻转，掌心向上；眼看左手。（图111）

图 111

（3）上步错手

上体右转，右脚向右前方（西偏北30度）上步，脚跟着地；右手由下向前上方画弧，左手由上向后下方画弧，两手交错；眼看右手。（图112）

图 112

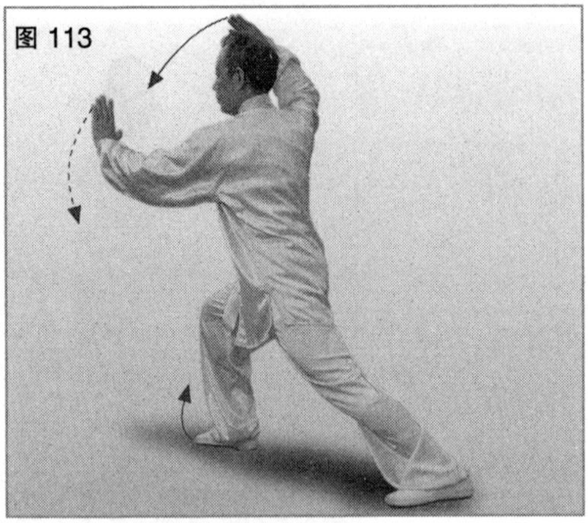
图 113

(4) 弓步架推

上体继续右转；重心前移，右脚踏实，右腿屈膝前弓，呈右弓步；右手翻转上举，架于右额角前上方，掌心斜向上；左手推至体前，腕高与肩平；眼看左手。（图113）

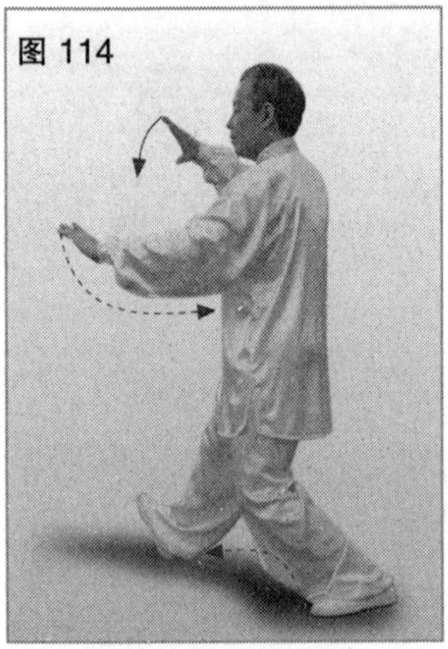
图 114

2. 左穿梭

(1) 转体撇脚

重心稍后移，右脚尖向下外撇，上体右转；右手下落于头前，左手稍向左画弧，落至腹前，准备“抱球”；眼看左手。（图114）

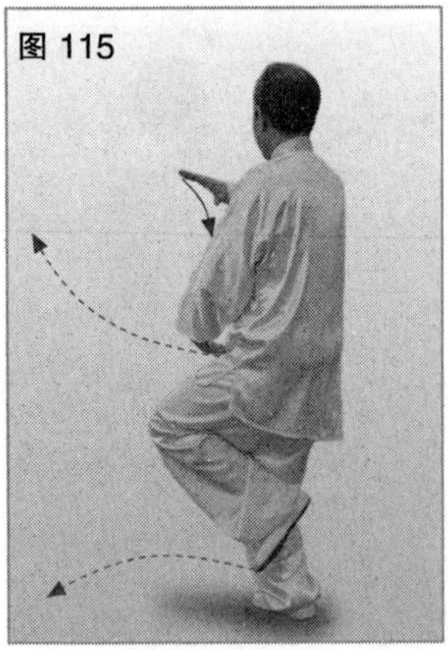
图 115

(2) 收脚抱手

上体右转，重心前移；两手在右胸前上下相抱；左脚收至右脚内侧；眼看右手。（图115）

(3) 上步错手

上体左转，左脚向左前方（西偏南30度）上步，脚跟着地；左手由下向前上方画弧，右手由上向后下方画弧，两手交错；眼看左手。（图116）

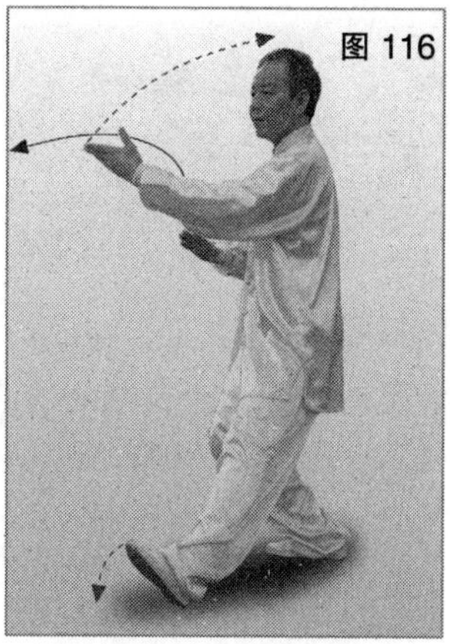
图 116

(4) 弓步架推

上体继续左转；重心前移，左脚踏实，左腿屈膝前弓，呈左弓步；左手翻转上举，架于左额角前上方；右手推至体前，腕高与肩平；眼看右手。（图117）

图 117

【教学要点】

① 本式的攻防含意是当对方伸手打来，我用一手向上架开，用另一手击打对方。

② 左右穿梭均是拗步推掌，弓步方向和推掌方向一致，与中轴线约成30度斜角。两脚的横向宽度保持30厘米左右，以利重心稳定，上体松正。

③ 本式上架手翻掌举于额前上方，力点在前臂；前推手先收到肋前或腰间蓄劲，而后随转腰顺肩向前推出。

【易犯错误】

① 架掌时耸肩抬肘，上体歪扭。

② 定式时，推掌方向与弓步方向不一致。

③ 前脚尖外撇过大，造成后脚上步困难。

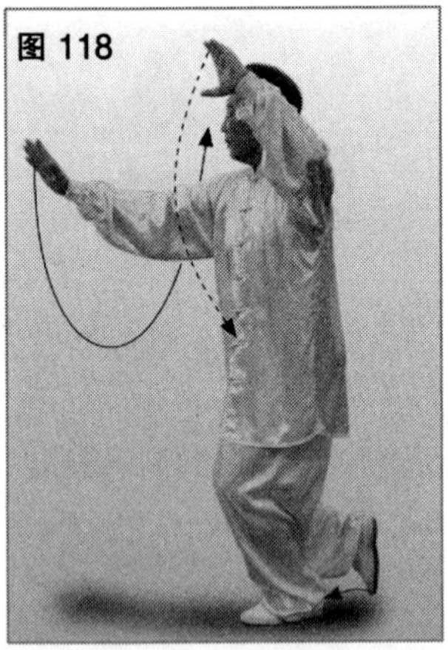

图 118

（十九）海底针

1. 转腰跟步

上体稍右转；右脚向前收拢半步，脚前掌落地，距前脚约一脚长；眼看前方。（图118）

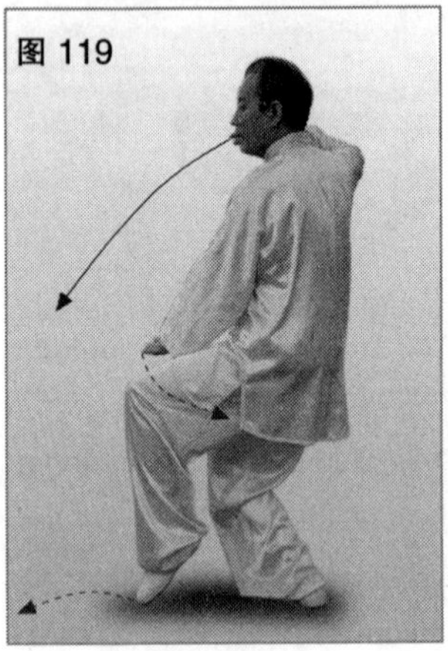

图 119

2. 坐腿提手

重心后移，右腿屈坐，上体右转，左脚跟提起；右手下落经体侧屈臂抽提至耳旁，掌心向左，指尖向前；左手向右画弧下落至腹前，掌心向下，指尖斜向右；眼看前方。（图119）

图 120

3. 虚步插掌

上体左转，稍向前倾身；左脚稍前移，脚前掌着地成左虚步；右手从耳侧向前下方插掌，掌心向左，指尖斜向下；左手经左膝前画弧搂过，按至大腿外侧；眼看右掌。（图120）

【教学要点】

① 本式攻防含意是，当对方右手打来，我用左手搂开，随即右掌直插对方裆部，用指尖戳击对方。

② 虚步插手时上体要舒展伸拔，上体前倾角度不超过45度。

③ 两手的路线是：右手随转体在体侧画一个立圆，插掌时力点放在指尖。左手随转体下落，经腹前向左画平弧搂于左胯旁。

④ 跟步后转体后坐，右脚以前脚掌为轴内转脚跟。定式时虚步前脚正向前方（西），右脚斜向西北约45度。

【易犯错误】

① 右手插掌做成“前劈”或“下砍”。

② 腰肢脱节，动作散乱，没有用腰部的转动来带动和协调手脚的动作。

③ 定式时出现低头、弯腰，两腿虚实不清。

（二十）闪通臂

1. 提手收脚

图 121

上体右转，恢复正直，右腿屈膝支撑，左脚回收至右脚内侧；右手上提至身前，指尖朝前，掌心向左；左手屈臂收举，指尖贴于右腕内侧；眼看前方。（图121）

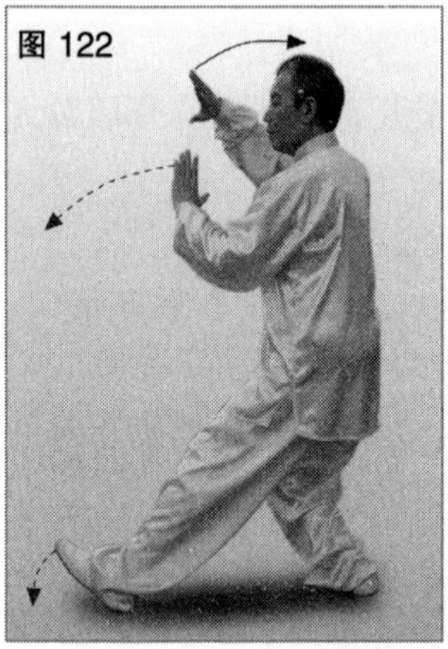

图 122

2. 上步分手

左脚向前上步，脚跟着地；两手内旋分开，手心皆向前；眼看前方。（图122）

图 123

3. 弓步推撑

左腿屈弓，右腿蹬直，重心前移，呈左弓步；左手推至体前，指尖与鼻尖对齐；右手撑于头侧上方，掌心斜向上，两手前后分展；眼看左手。（图123）

【教学要点】

① 本式攻防含意是，当对方右手攻来，我用右手上撑，并向后牵引，用左掌攻击对方肋部。两手前推后撑，腰臂同时发力，快如闪电。

② 上下肢的配合应协调一致，同时到位。

③ 闪通臂是顺弓步，两脚左右宽度10厘米，前臂、前腿要上下相对。弓步与推掌方向皆为正前（西）方。

【易犯错误】

① 架掌时耸肩抬肘。

② 定式时扭胯侧身，做成侧弓步。

③ 脚快手慢，上下动作不合拍。

（二十一）转身搬拦捶

1. 转身摆掌

重心后移，右腿屈坐，左脚尖内扣，身体右转；两手向右摆动，右手摆至身体右侧，左手摆至头前，两掌心均向外；眼看右手。(图124)

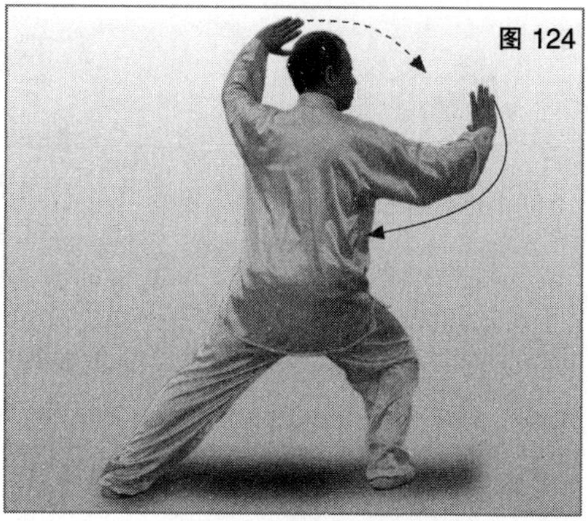
图 124

2. 坐腿收拳

重心左移，左腿屈坐，右脚以脚掌为轴扭直；右手握拳向下、向左画弧收于左腹前，拳心向下；左掌举于左额前上方；眼向右平视。（图125、图125附）

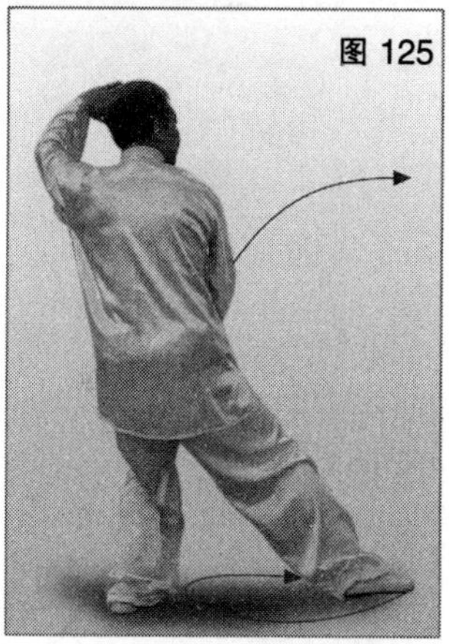
图 125

图 125 附

图 126

3. 摆步搬拳

右脚提收至左脚踝关节内侧，再向右前（东方）迈出，脚跟着地，脚尖外撇；右拳经胸前向前搬压，拳心向上，高与胸平，肘部微屈；左手经右前臂外侧下落，按于左胯旁；眼看右拳。（图126）

图 127

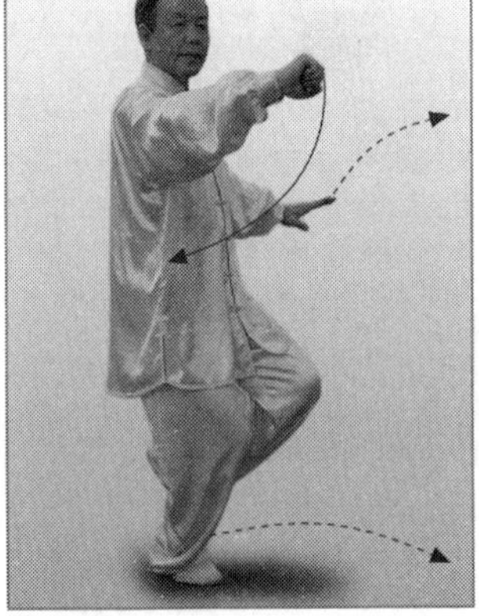

4. 收脚收拳

上体右转，重心前移，左脚收于右脚内侧；右臂内旋，右拳向右画弧至体侧，拳心向下，右臂半屈。左臂外旋，左手经左侧向体前画弧；眼平视右拳。（图127）

图 128

5. 上步拦掌

左脚向前（东）上步，脚跟着地；左掌拦至体前，高与肩平，掌心向右，指尖斜向上；右拳翻转收至腰间，拳心向上；眼看左掌。（图128）

6. 弓步打拳

上体左转，重心前移，左腿屈弓，左脚踏实，右腿自然蹬直，呈左弓步；右拳自腰间向胸前打出，肘微屈，拳心转向左，拳眼向上；左手微收，掌指附于右前臂内侧，掌心向右；眼看右拳。（图129）

图 129

【教学要点】

① 本式攻防含意是，假设对方左手打来，我用右拳搬开；对方再用右手打来，我用左掌拦截，随即我用右拳直击对方。

② 搬拦捶的转身动作要做到松腰松胯，虚实清楚，转换轻灵，重心平稳。切不可重心起伏，上体歪扭。

【易犯错误】

① 拦掌、收拳时两臂画弧过大。或两臂直伸直收，画弧过小。

② 转身时腿不屈胯不落，挺膝挺髋，重心升高，上体歪斜。

（二十二）如封似闭

1. 穿手翻掌

左手翻转向上，从右前臂下向前穿出；同时右拳变掌，也翻转向上，两手交叉伸举于体前；眼看前方。（图130）

图 130

图 131

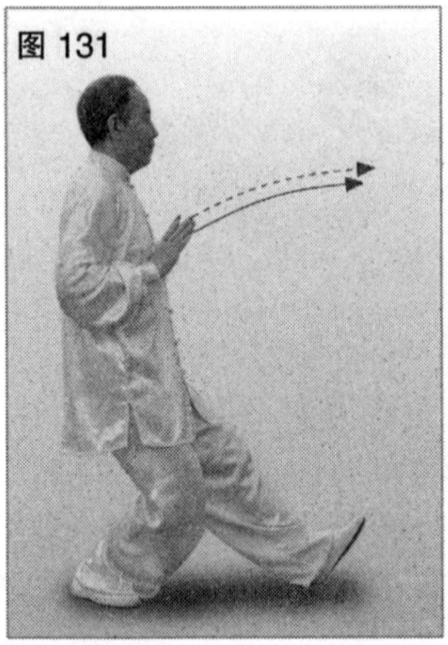

2. 坐腿引手

重心后移，右腿屈坐，左脚尖翘起；两臂屈收，两手边分边内旋后引，分至与肩同宽，收至胸前，掌心斜向下；眼看前方。（图131）

图 132

3. 弓步按掌

重心前移，左腿屈弓，左脚踏实，右腿自然蹬直成左弓步；两手向上、向前推出，与肩同宽，腕高与肩平，掌心向前，五指向上；眼看前方。（图132）

【教学要点】

① 本式攻防含意是，当对方双手推来时，我双手交叉插在其双臂之间，顺势坐腿后引，同时两臂内旋分拨，使其落空。当对方欲摆脱后退时，我双手前按，乘势追击。

② 后坐引手时，两手要屈肘旋臂后引，不可前臂上扬，两手卷收。

③ 按掌时，两掌要平行向前，沿弧线向前推出。

【易犯错误】

① 后坐引收时右腿挺髋，上体后仰。

② 按掌时身体前俯。

（二十三）十字手

图 133

1. 转体摆手

上体右转，重心右移，右腿屈坐，左腿蹬伸，左脚尖内扣；右手向右分摆至头前；眼看右手。(图133)

图 134

2. 弓腿分手

上体继续右转，右脚尖外撇，右腿屈弓，左腿自然伸直，呈右横裆步（侧弓步）；右手继续向右画弧，摆至身体右侧，两臂平举于身体两侧，掌心皆向外，指尖斜向上；眼看右手。(图134)

图 135

3. 转腰搭手

上体左转，重心左移，左腿屈弓，右腿自然伸直，脚尖内扣；两手下落画弧，在腹前交搭，抱于胸前，右手在下，左手在上，两掌心皆向上；眼平视前方。(图135)

图 136

4. 收脚抱手

上体转正；右脚轻轻向左收回半步，脚前掌着地，随之全脚踏实，两腿慢慢直立，体重平均放于两腿，两脚平行向前，与肩同宽，呈开立步；两手交叉合抱于体前，掌心向内，两臂撑圆，两腕交搭成斜十字形，高与肩平；眼平视前方。（图136）

【教学要点】

① 本式双手合抱体前，既是封闭防守，又是伺机而发。

② 此式的手、腰转动和重心移动幅度比较大，同时配合两脚的扣转、外撇和收并。整个动作要保持平稳连贯，一气呵成，中途不要断劲。

③ 收脚合抱时，上体保持端正，不可低头弯腰。两臂要撑圆，不可抱得过紧。

【易犯错误】

① 第一、二动身体右转时，动作不连贯，中途停顿。

② 左转搭手时，低头弯腰，上体前俯。

③ 合抱动作耸肩、夹肘，两臂没有掤圆。

图 137

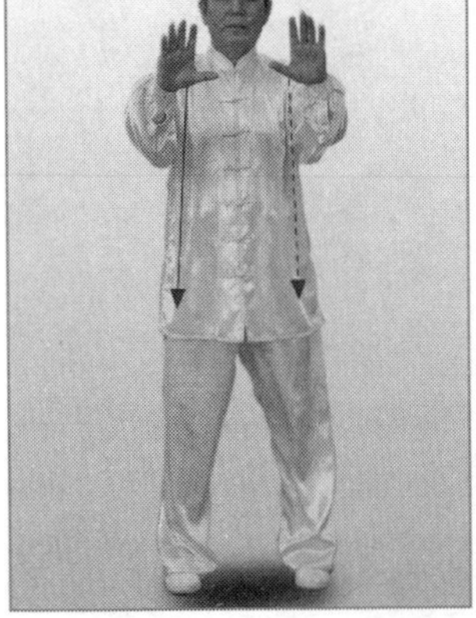

（二十四）收　式

1. 翻掌分手

两臂内旋，两手翻转向下，左右分开，与肩同宽；眼平视前方。（图137）

2. 垂臂落手

两臂徐徐下垂，两手落于大腿外侧；眼平视前方。（图138）

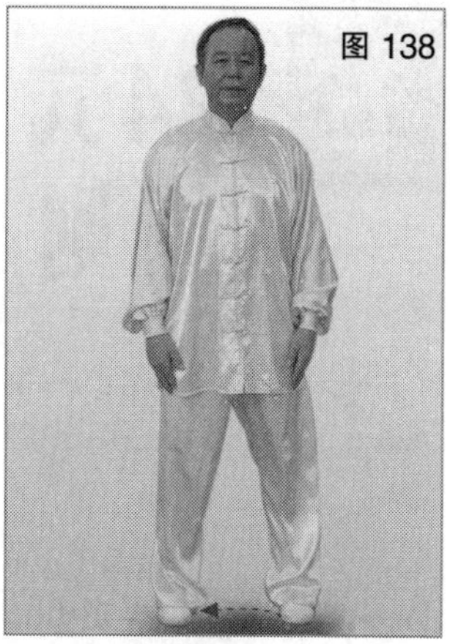

图 138

3. 并脚还原

左脚轻轻提起与右脚并拢，脚前掌先着地，随之全脚踏实，恢复成预备姿势；眼看前方。（图139）

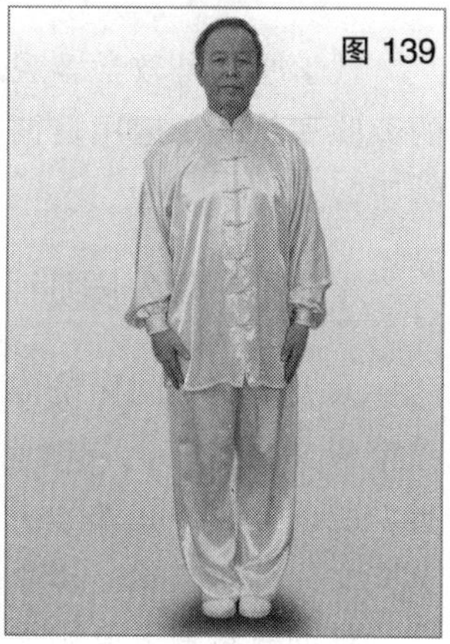

图 139

【教学要点】

① 翻掌分手时，两手应边分边翻转。

② 并步还原时，左脚应注意“点起点落”“轻起轻落”。

③ 收式动作应精神贯注，善始善终。

【易犯错误】

① 翻掌分手时腕关节屈折挽花。

② 垂臂落手时两臂屈伸，两手收按。

③ 并脚时身体左右摇晃。

④ 收式松懈、草率。

五 24式太极拳教学原则与方法

（一）教学原则

教学原则是教学客观规律的反映，是在长期实践中积累起来的具有普遍意义的经验和总结。运用贯彻教学原则，能使教师正确地选用教学方法，不断提高教学质量。

1. 教拳育人原则

太极拳是我国传统体育项目，是我国劳动人民在长期的社会实践中创造的一项宝贵文化遗产。同时它又是一项平静辛苦的运动，尤其要克服疼痛关和枯燥感。所以，教师在教学中应善于结合太极拳的特点，培养学生热爱、继承、发扬民族文化的自豪感，树立吃苦耐劳，超越自我，战胜困难的精神。

贯彻教拳育人原则，要在教学中加强思想教育，寓德育于习武之中。传统习武一贯提倡“崇德尚武”，把武德列为学习武术的先决条件。如今，我们在武术教学中，更应发扬崇德的优良传统，讲道德、讲文明、讲礼貌，造就一代新人。

2. 自觉积极性原则

指的是培养学生努力学习的自觉性、主动性。不仅认真学，刻苦练，还要积极思考，反复琢磨，深入理解。

贯彻自觉积极性原则，首先要使学生明确学习目的。有了正确的方向，学起拳来才会有动力。其次是教师要多给学生创造主动学习的环境和条件，鼓励学生互教互学、独立思考和培养创造精神，使教师的主导作用与学生的主动性相结合。同时还要注意不断改进教学方法，使太极拳教学生动活泼，调动学生的学习热情。

3. 严格耐心，教学相长原则

俗话说“严师出高徒”。教师的认真严格和敬业奉献精神，是取得良好教学效果的保证。严格，首先是教师严于律己，认真备课，不断更新提高个人水平和能力。其次是要求学生严格，尽职尽责，一丝不苟。

然而教师仅有严格一面还不够，必须同时抱有热情和耐心。尤其对待基础差、进步慢的学生，更要不厌其烦，一视同仁，绝不可以冷漠歧视。教师对待学生要平等、尊重、爱护。善于从学生身上吸取经验和发现长处，做到教学相长。

4. 直观与思维相结合原则

直观性，指的是在教学中运用各种形式的感知，如模仿、观察、观摩、纠正等等，丰富学生的感性认识和直接经验，使学生获得生动的表象认识，从而掌握所学的技术。

思维性，是指教学中启发学生思考，分析，判断，总结，认识事物的本质和规律，丰富理性认识。武术界有“光说不练嘴把式，光练不想傻把式”的谚语，说明二者结合的必要。

由于太极拳的动作复杂，只有反复模仿和练习才可以掌握技术，从这点上看，直观性对于初学者显得更为重要。教师除了直接示范、语言讲解、口令指示、辅导纠正之外，还要注意利用电化教学、照片、挂图、音像、表演、观摩等各种手段，帮助学生建立完整、正确的形象概念。

5. 区别对待原则

人体生理结构虽然基本相同，但由于年龄、性别、身体素质、活动能力的不同，个体差异是很大的。所以在太极拳教学中，教学方法和运动量安排应有所区别，因人而异，不可千篇一律。

一般来说，年轻人体质较好，承受能力较强，运动量可稍大些；而年纪大者，身体素质相对较差，恢复也较慢，运动量可稍小些。年轻人模仿力强，应以形象教学为主，精讲多练；年长者，掌握了相当的生活经验，理解能力强，应多些启发、联想、比喻，增加逻辑思维教学，使其更好地理解动作。对那些学习困难，接受力较差的学生，教师要多些辅导和鼓励，使其树立信心；对基础好、进步快的学生，既要鼓励又要鞭策，不断向他们提出更高的要求和目标。

6. 循序渐进原则

循序渐进原则，是指教学安排要由易到难，由已知到未知，逐步深化，不断提高。运动负荷也要由小到大，逐步增加。

难和易，繁和简，大和小都是相对的。同是24式太极拳，对某些人来讲很容易，但对另一些人可能就较为困难。初学时可能较难，学了一段时间后可能又会觉得容易了。因此，在教学中教师要随时观察学生和了解他们的反馈信息，及时调整不适当的部分。

为了贯彻循序渐进原则，在太极拳教学中，我们常常是先教手型、手法、步型、步法，而后再教完整动作。或者是把一个动作按顺序分成几个小动作分步教学，最后再连贯起来。这种分解、分步的教学方法是解决初学太极拳者手脚不协调的一个有效手段。

7. 安全合理原则

教学内容、进度、手段、运动量都经过要周密计划，合理安排，力求符合学生的需要。同时要充分考虑教学的安全，防止运动伤害。由于太极拳是一项柔缓运动，有些教师容易忽视热身活动和运动后的放松整理活动；或会向学生提出过高过急的要求。学生中也有“恨病吃药”，盲目加大运动量的现象，这些都可能导致教学的失败。

（二）教学方法

教学方法是指在教学过程中，为完成教学任务采取的手段和方式。教学方法的选择与运用是否适当，直接影响教学效果。

教学方法的选择，要根据每节课的教学任务、教材内容、教授对象的水平和能力，以及教学条件等具体情况而定。教学方法要有的放矢，讲究实效，灵活运用。

在太极拳教学中，我们常采用下列教学方法：

1. 语言法

运用语言法的形式有讲解、口令、提示、讲评、暗示等。

讲解是太极拳教学中运用语言法的最主要、最普遍的形式。它是教师向学生进行教育，提出要求，传授知识，讲解动作要领、规格及技击作用，指导学生掌握正确技术的基本方法。

讲解应注意以下几点：

（1）要有明确的目的和重点

每次讲解应根据教学任务和需要重点讲清一两个问题，待学生理解接受后，再讲另一个问题。如果一下子讲得过多，学生反而会摸不着头脑，影响学习效果。

（2）符合学生的水平和能力

只有当学生听懂老师讲的内容时，这些内容才可能引起他们的反应，起到讲解的作用。同样，只有当学生感到老师的讲解有用和必要时，这些讲解才会引起他们的学习兴趣。因此教师讲解的深度和广度都要适合学生的水平和能力。

（3）要通俗易懂，生动形象

在教学中，教师除了必需的专业术语外，应尽量用通俗易懂的语言进行讲解，用词力求准确生动，不要故弄玄虚。比如为了能使学生理解要领，采用形象的比喻“迈步如猫行”“运劲如抽丝”等，会收到很好的效果。

（4）注意讲解的时机和效果

教师讲解，一般是面对学生，当学生的注意力集中时进行讲解。如果学生在做练习或是教师背对学生领做时，除了适当地做些简短的口令和提示外，教师不宜过多讲解。

口令和提示是用简洁的词语表达教师意图的形式，也是有效地指挥学生活动和强化技术要领的重要方法。口令和提示常用于基本功训练、集体练习及调动队伍中。

讲评是在教学过程中，按照一定的标准，给学生鼓励、肯定和指导、纠正的方法。通过讲评可以使学生明确努力方向，增强学习信心，激发学习兴趣，提高学习的积极性。

暗示是通过心理上的良性刺激，鼓励、帮助学生更加完美准确完成动作的方法。比如在起式前，教师轻念“放松”“平静”，帮助学生消除紧张心理。独立蹬脚时，教师鼓励提示“站稳”“坚持”，增强学生信心等，这对学生顺利完成动作会起到积极的帮助作用。

2. 示范法

动作示范是太极拳教学中运用最为广泛的直观方法，它是教师（或指定的学生）以具体的动作为范例，使学生了解所学动作的形象、风格、要领的方法。正确的示范，不仅可使学生建立准确的动作概念，还可提高学生的学习兴趣，是教学中必不可少的教学手段。

应用示范法应注意以下几个问题：

（1）示范要有明确的目的

教师的每次示范都应目的明确，是让学生看动作的全貌，还是看某个局部；是重点看手法，还是看步法；是为了使学生建立初步概念，还是使学生深入理解要领。教师应该做到心中有数，重点突出。在教学中，示范常常伴随讲解，有时可先讲解后示范，也可以先示范后讲解。不管怎样，讲解与示范的内容要一致，重点要突出。

（2）示范动作要正确

教师的示范动作应是学生的典范，力求做到准确、熟练、优美，使学生一开始就建立起正确的动作概念。因此教师课前一定要认真备课，不断提高示范的质量。

（3）正确的示范位置和示范面

为了使所有的学生都能清楚地看到教师的示范，教师必须注意示范的位置和示范面的选择。示范的位置一般根据学生所站的队形、动作的移动方向和动作的性质而定。示范面则应根据动作的结构，以及学生所观察的具体部位而选择。

在太极拳教学中经常采用的示范面有正面示范、侧面示范、镜面示范和背面示范。为了显示动作的左右距离，一些对称性的动作常用正面示范，如教起式和站桩练习。为了显示动作的前后距离和步法，教学中采用侧面示范，如教野马分鬃、倒卷肱等动作。镜面示范是教师面向学生，动作方向与学生左右相反的示范方法，一般用于简单的定式造型及基本功练习。而太极拳的动作组合及全套动作练习，常采用背面示范，即通常所说的背面领做。

示范的位置，要视具体情况而定。一般定位讲解时，站在队伍的前面正中位置，与排面呈等腰三角形；背面领做时，如果是向前移动，要站在排面的正前方；向左移动时，站在队伍的左前方；向右移动时，站在队伍的右前方。总之，应以尽量使每个学生都能看清为原则。同时还要注意尽量不使学生面向阳光和迎风而立。

随着电视教学的普遍使用，录像也是一种极好的示范方法，可以弥补教师示范的某些不足。比如画面定格就具有一般示范难以达到的效果，有利学生更加仔细地观察动作要领。同时电视录像可以多次重复，能够大大减轻和弥补教师的体力消耗。

3. 练习法

在太极拳教学中，学生必须经过亲身实践，反复练习，才可能掌握，因而练习法是教学中大量、经常采用的教学方法。从内容上分，练习法包括分解练习、完整练习和组合练习。从形式上分，练习法又可分为个人练习、分组（或分排）练习和集体练习。

（1）分解练习

分解练习是把一个完整的动作分成几个步骤，或者合理地分成几个部分，分别地进行学习，最后达到完全掌握的目的。分解练习一般用于较难掌握的动作或是纠正动作的中间环节时应用。它的优点是使复杂教学过程变得简单明了，使学生比较顺利地掌握困难动作。

运用分解法应注意以下几点：

① 分解动作时，应考虑到各部分之间的有机联系，不要把动作分解得太细太碎。

② 应使学生明确各部分在完整动作中的位置。

③ 要与完整法结合使用。运用分解法是为了更好地掌握完整动作，因此分解练习的时间不宜过久，以免破坏动作的整体性和连贯性。

（2）完整练习

完整练习就是一个动作或一套动作，从开始到结束完整地进行练习。它的优点是不破坏动作的结构和衔接。完整练习一般用于简单的动作或完整套路练习中。

（3）组合练习

组合练习是将几个动作组合起来练习，或是一个动作左右方向串起来反复练习。常用于基本功练习和一个教学阶段的教学内容练习。

(4) 个人练习

是让学生原地或分散，进行独立练习或个人体会。在基本功练习中，也可以安排个人轮流依次练习，以保证充分利用场地和合理运动密度。

(5) 分组练习

一般在教完本课内容后，教师提出要求，由组长带领本组同学进行练习。这样可以发挥同学之间互教互学，取长补短的作用，培养学生团结互助的精神。分排练习也属分组的性质。在教师指挥下，学生逐排轮换练习。这样可以节省时间，保证一定的练习数量和运动负荷。

(6) 集体练习

是在教师统一指挥或带领下，学生集体练习的方式。它可以保证最大限度地利用时间和空间，也有利教师观察整体教学效果。

4. 比赛法

比赛法同其他练习法相比，是合理利用“竞争”因素，使学生处于精神高度集中和紧张状态，对机体的能力提出了更高的要求。它可有效地发展学生的身体素质及心理素质，培养学生在复杂条件下沉着、勇敢和自制的能力，发扬集体主义精神。教学中采取分组集体赛、推选代表赛、个人测验赛等手段，对激发学生情绪，提高教学效果有着非常显著的作用。

5. 预防与纠正错误法

在教学中，由于各种原因，学生难免会产生这样或那样的错误动作。错误的动作如果不及时加以纠正，就会形成错误的技术定型，造成“学拳容易改拳难”的局面，直接影响教学效果。因此，在教学中必须采取积极有效的措施加以预防和纠正。

要预防和纠正错误动作，首先要分析错误产生的原因。一般来说学生的错误动作主要是以下几种原因造成的：

(1) 学习目的不明确，积极性不高，怕苦怕累。

(2) 身体素质差，接受能力弱，动作不协调。

(3) 教师教学进度和教法安排不当，脱离学生的水平和特点，致使学生不能掌握动作的要领和方法。

(4) 教学环境及外界因素的干扰，影响学生的上课情绪。

针对上述原因，教师应有针对性地采取相应的方法加以预防和纠正。

(1) 加强学生的思想教育，培养学生吃苦耐劳、克服困难的意志品质。在教学中充分发挥学生的主观能动性，使学习变为学生的自觉行动。

(2) 加强学生基本功和基本动作的训练，提高学生的专项素质和机体活动的能力，尤其要注意发展学生的协调能力和神经系统对肌肉的控制能力。

(3) 正确估计学生的水平，恰当地安排教学内容和方法，提高讲解与示范的质量，充分使用直观的教学方法，抓住教学的关键环节和教学要点。

(4) 针对周围环境对学生的影响，选择好合适的场地，尽量避免外界因素及新异刺激对学生的干扰。

预防和纠正错误时，教师首先要预见到每个动作的易犯错误，重点讲解和提示，防患于未然。一旦出现了错误，要对症下药，及时纠正。在纠正错误过程中，教师应热情耐心，不要全盘否定，挫伤学生的自尊心和信心。同时教师要善于抓住共性的错误，以点代面地解决普遍性问题，不要眉毛胡子一把抓，也不要头疼医头，脚疼医脚，主次不分，甚至捡了芝麻丢了西瓜。教师还要善于调动学生的主观能动性，启发学生识别错误、分析原因和互相纠正错误的能力。

(三) 配乐演练

1. 配乐的效果

配乐演练是24式太极拳推广以后产生的新事物，也是群众在太极拳活动中的发展创造。在优美乐曲伴奏下打起太极拳，人们感到情绪高涨，身体舒松，因而配乐练习越来越受到欢迎。

配乐练习可以收到以下效果：

(1) 消除紧张情绪。初练拳者往往精神紧张，思想不能入静。配乐练习可诱导学生精力集中，情绪放松，减少外界干扰，提高学练效果。

(2) 控制速度。初学者往往动作越做越快，不能自控。随着音乐练习，按照乐曲的节奏，可使动作与乐曲相合，做到拳速均匀缓慢。

(3) 使集体练习整齐统一。集体练习由于人数多，水平参差不齐，很难步调统一。尤其是成百上千人的集体练习，用口令是难以指挥的，利用音乐伴奏，使大家按照音乐节拍行动，可以保证集体演练整齐统一。

(4) 利用音乐手段，教师从口令指挥中解放出来，可以更细心地观察学生的动作，以便发现和解决问题。

(5) 优美动听的乐曲对人的神经系统、消化系统及心理都有良好的刺激作用，活跃人的锻炼情绪，不仅有利于身体健康，更有利于心理健康。

(6) 在音乐的协调推动下，可以提高意念活力，增强意念引导作用，从而提高打拳质量。

然而，也有些人对配乐持反对态度，认为音乐会对打拳者思想入静和意念活动造成干扰，会使人养成依赖习惯，并且音乐对个人打拳速度、发挥风格、运用劲力会形成束缚和破坏。

看来，配乐与否应该视具体条件而定。对于初学者和集体练习、集体表演，配上音乐会收到良好效果，受到欢迎。对于有一定技术水平的个人练习，则不宜勉强配乐。另外，音乐内容是否得当、练习者对音乐的理解和修养水平，都会在很大程度上影响配乐效果。所以，24式太极拳配乐练习要从实际出发，不能强求一律。

2. 配乐的方式和要求

一般来说，配乐有两种方式：一种是只配曲调，作为背景音乐。这种配乐比较容易，只要乐曲情调旋律和太极拳运动风格相吻合，起到烘托作用即可，不要求打拳动作与音乐同步合拍。

另一种配乐是曲调节拍皆要与打拳吻合，起到乐曲指挥作用。这种配乐比较困难。由于太极拳动作长短不一，现成乐曲很难适应，因而必须由领会和熟悉太极拳全套动作的人专门谱写才能完成。这种专门为太极拳谱曲的音乐必须做到：

(1) 音乐旋律与太极拳风格一致，表现出柔缓舒松、行云流水的特点和民族风格。

(2) 音乐节拍与太极拳动作相适应，音节的长短，节奏的强弱、快慢要依据动作内容做出必要变化。

同时，我们要求打拳者也要理解音乐，在动作速度和幅度上做出必要调整，演练时知音而动，不能自行其是，与音乐脱节。

1990年，在北京召开的第11届亚运会开幕式上，中日两国太极拳爱好者1500人做了精彩的24式太极拳表演。其中成功因素之一就是表演者的动作与乐曲高度和谐。在乐曲统一指挥下，全体成员动作规范，步调一致，队形整齐，收到了很好的效果，成为24式太极拳配乐演练的典范。

3. 24 式太极拳配乐范例

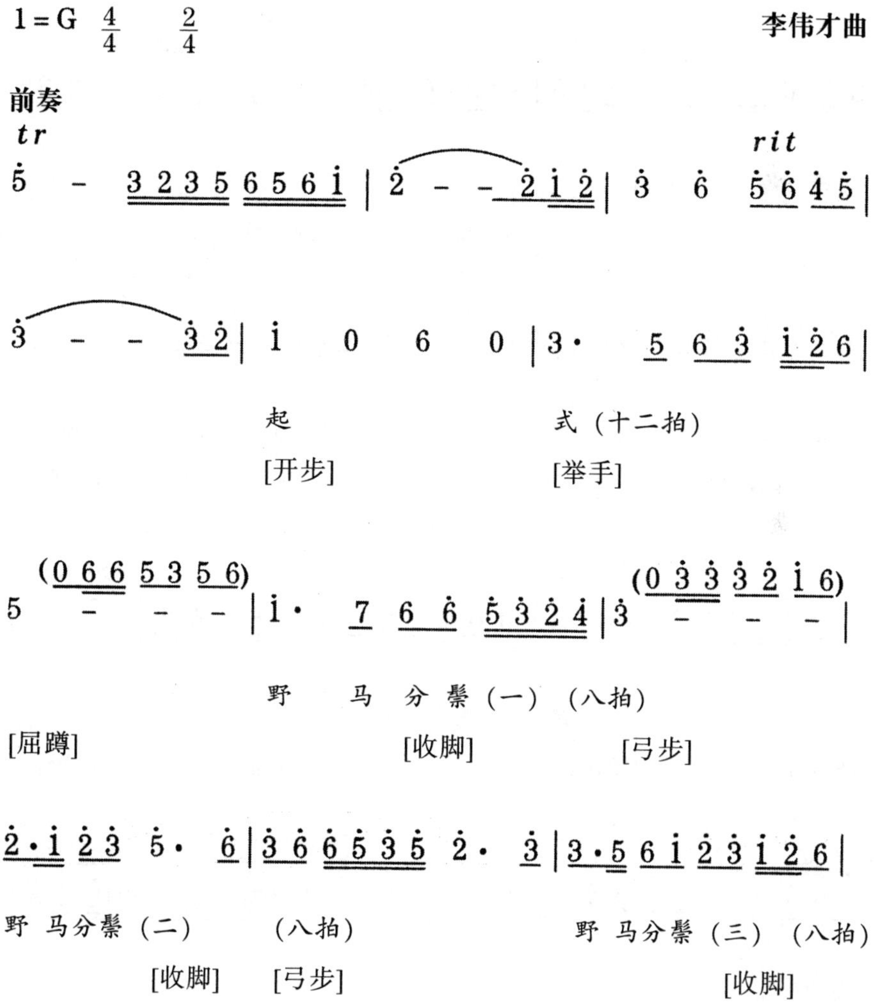

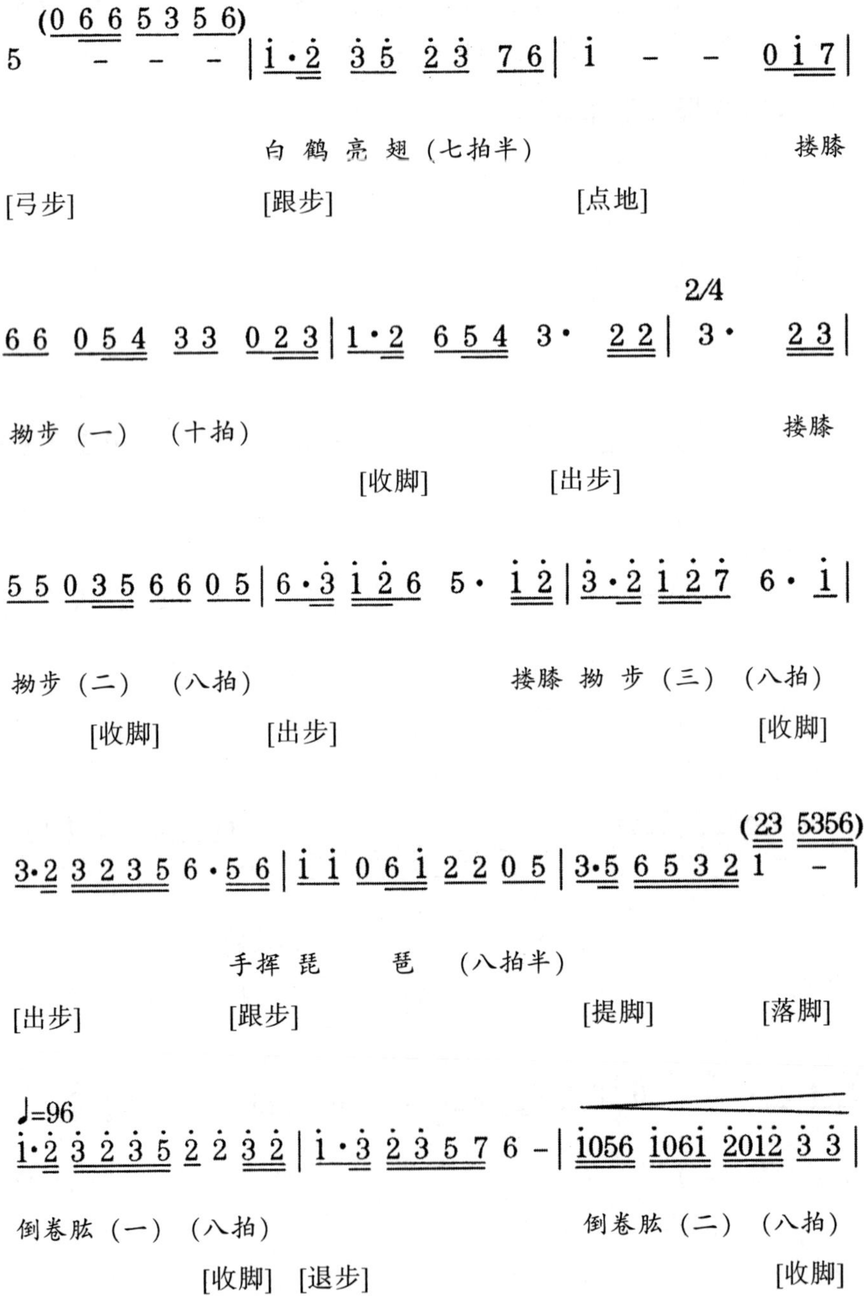
白鹤亮翅（七拍半）
搂膝
[弓步]
[跟步]
[点地]
2/4
拗步（一）（十拍）
搂膝
[收脚]
[出步]
拗步（二）（八拍）
搂膝拗步（三）（八拍）
[收脚]
[出步]
[收脚]
手挥琵琶（八拍半）
[出步]
[跟步]
[提脚]
[落脚]
♩=96
倒卷肱（一）（八拍）
倒卷肱（二）（八拍）
[收脚]
[退步]
[收脚]

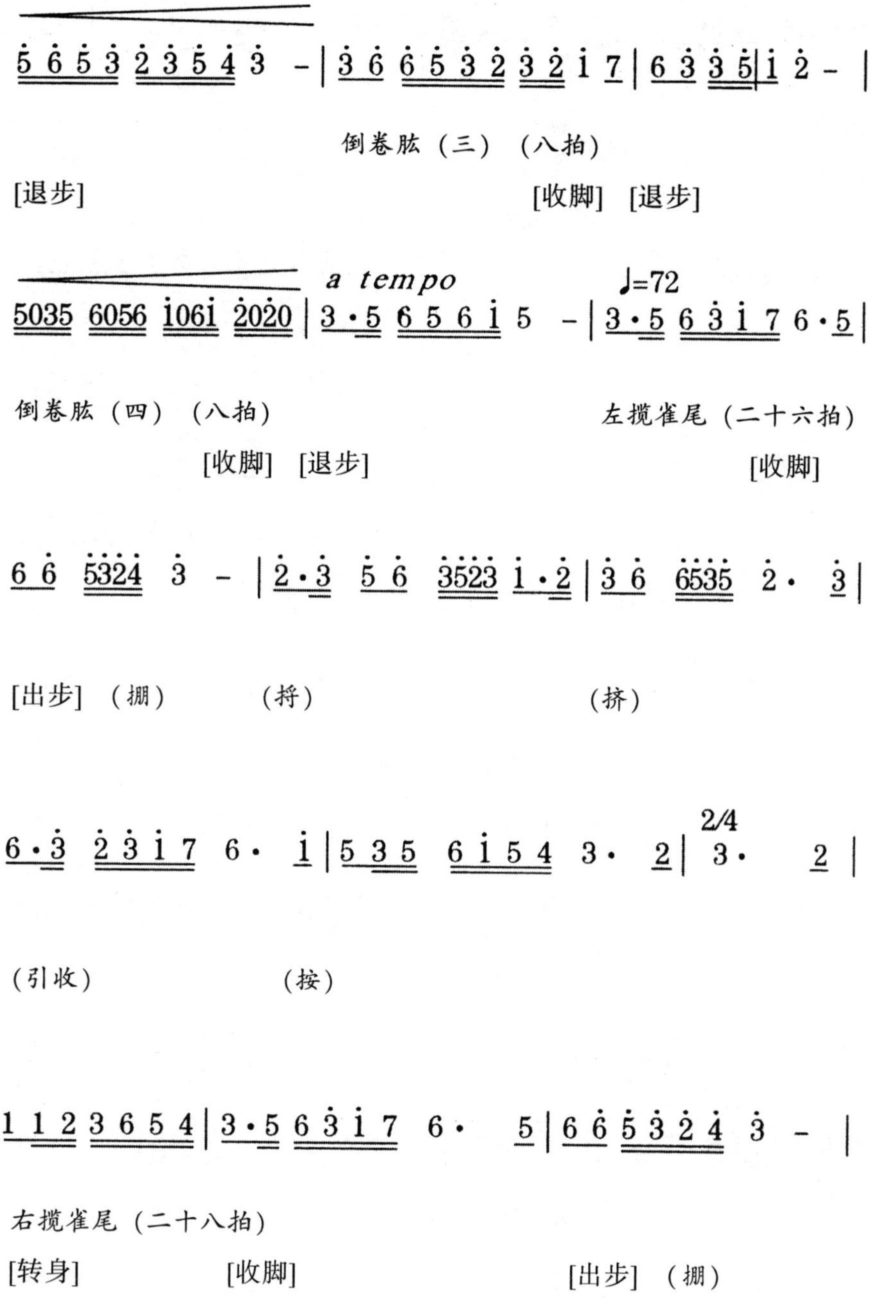
倒卷肱（三）（八拍）
[退步]
[收脚] [退步]
a tempo
♩=72
倒卷肱（四）（八拍）
[收脚] [退步]
左揽雀尾（二十六拍）
[收脚]
[出步]（掤）
（捋）
（挤）
2/4
（引收）
（按）
右揽雀尾（二十八拍）
[转身]
[收脚]
[出步]（掤）

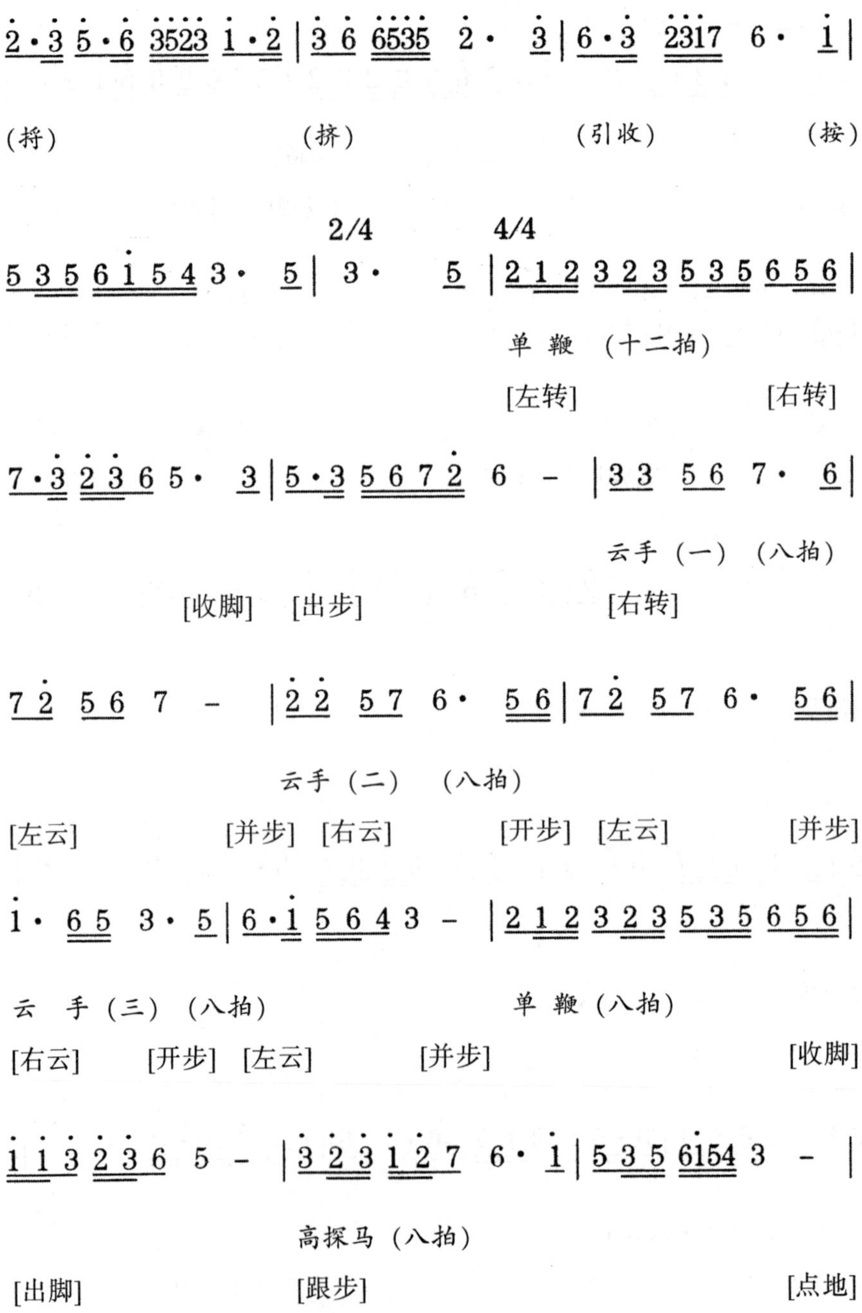

(捋)
(挤)
(引收)
(按)
2/4
4/4
单 鞭 (十二拍)
[左转]
[右转]
云手 (一) (八拍)
[收脚]
[出步]
[右转]
云手 (二) (八拍)
[左云]
[并步]
[右云]
[开步]
[左云]
[并步]
云 手 (三) (八拍)
单 鞭 (八拍)
[右云]
[开步]
[左云]
[并步]
[收脚]
高探马 (八拍)
[出脚]
[跟步]
[点地]

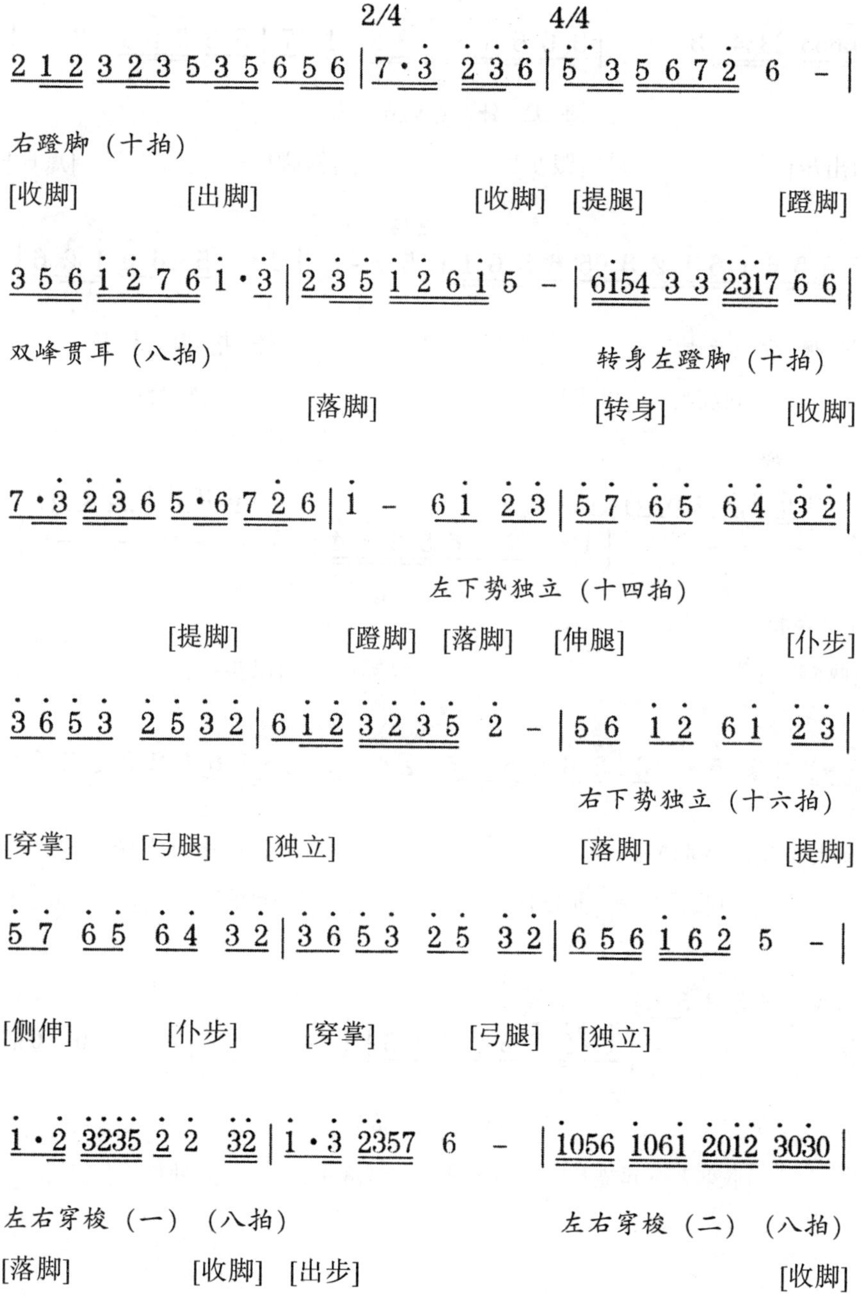
2/4
4/4
右蹬脚（十拍）
[收脚] [出脚] [收脚] [提腿] [蹬脚]
双峰贯耳（八拍）
转身左蹬脚（十拍）
[落脚] [转身] [收脚]
左下势独立（十四拍）
[提脚] [蹬脚] [落脚] [伸腿] [仆步]
右下势独立（十六拍）
[穿掌] [弓腿] [独立] [落脚] [提脚]
[侧伸] [仆步] [穿掌] [弓腿] [独立]
左右穿梭（一）（八拍）
左右穿梭（二）（八拍）
[落脚] [收脚] [出步] [收脚]

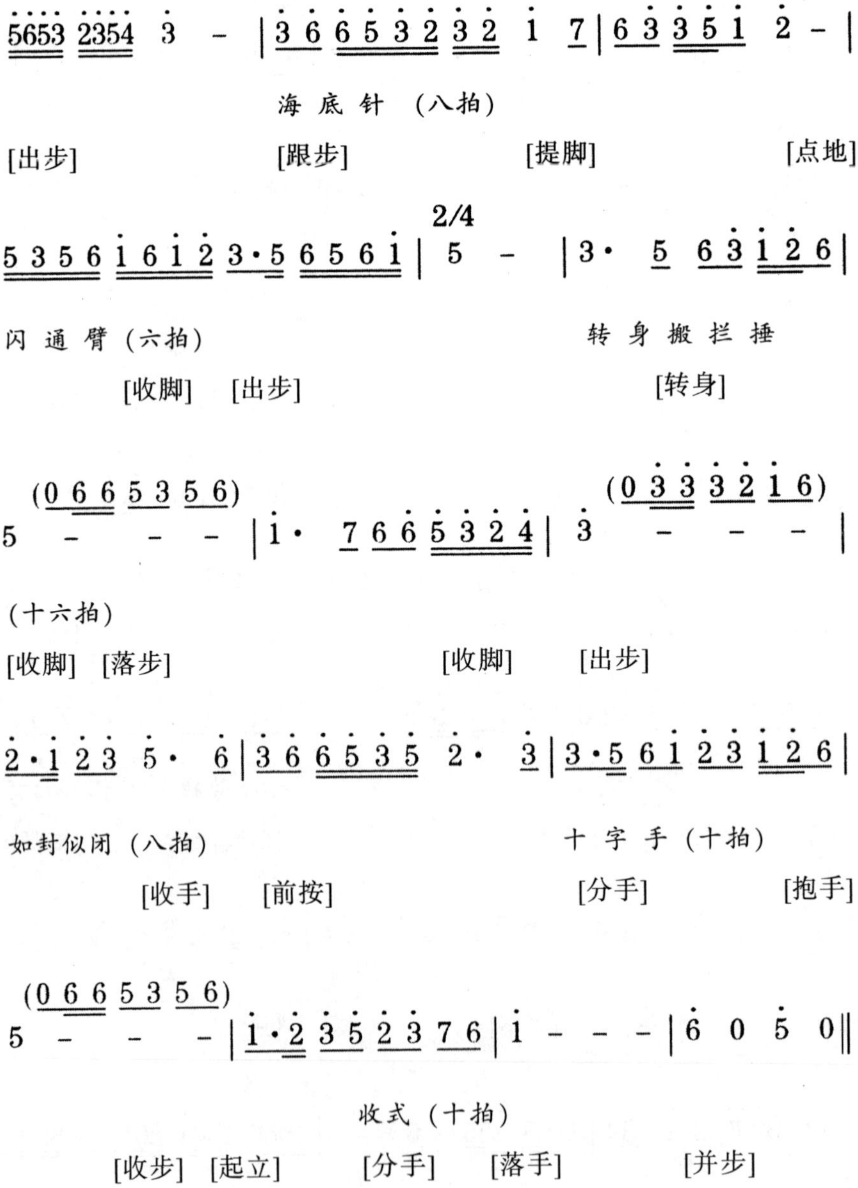
5653 2354 3 - | 3 6 6 5 3 2 3 2 1 7 | 6 3 3 5 1 2 - |
海底针（八拍）
[出步] [跟步] [提脚] [点地]
2/4
5 3 5 6 1 6 1 2 3·5 6 5 6 1 | 5 - | 3· 5 6 3 1 2 6 |
闪通臂（六拍）
转身搬拦捶
[收脚] [出步]
[转身]
(0 6 6 5 3 5 6)
(0 3 3 3 2 1 6)
5 - - - | 1· 7 6 6 5 3 2 4 | 3 - - - |
（十六拍）
[收脚] [落步] [收脚] [出步]
2·1 2 3 5· 6 | 3 6 6 5 3 5 2· 3 | 3·5 6 1 2 3 1 2 6 |
如封似闭（八拍）
十字手（十拍）
[收手] [前按] [分手] [抱手]
(0 6 6 5 3 5 6)
5 - - - | 1·2 3 5 2 3 7 6 | 1 - - - | 6 0 5 0 ‖
收式（十拍）
[收步] [起立] [分手] [落手] [并步]

24 式太极拳动作路线示意图

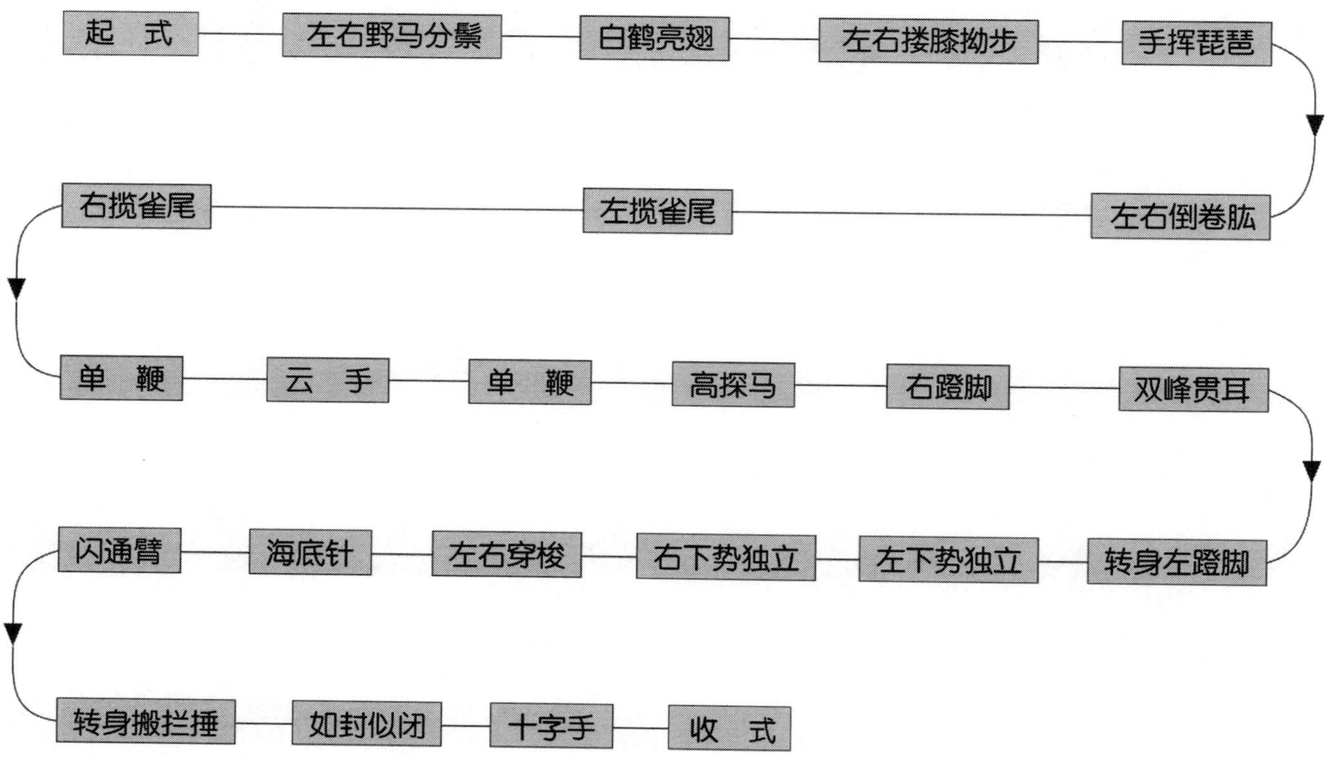